"十三五"规划民航特色专业统编教材

民航服务人员化妆技巧及形象塑造

MINHANG FUWU RENYUAN HUAZHUANG
JIQIAO JI XINGXIANG SUZAO

主编 辜英智 刘存绪 魏春霖

四川大学出版社

"十三五"规划民航特色专业统编教材
编写指导委员会

主　　编：辜英智　　刘存绪　　魏春霖

编　　委：李筱泖　　顾建庄　　杨　军　　刘志惠
　　　　　罗娅兰　　李清霞　　冷　静　　胡启潮
　　　　　马秀英　　黄孟颖　　王俊雷　　李　目
　　　　　魏　薇　　王　平　　吴　易　　石文娟
　　　　　魏　庆　　黄怡川　　陈　刚　　何珊珊
　　　　　张　闪　　罗致远　　李宛融　　王志鸿
　　　　　李潇潇

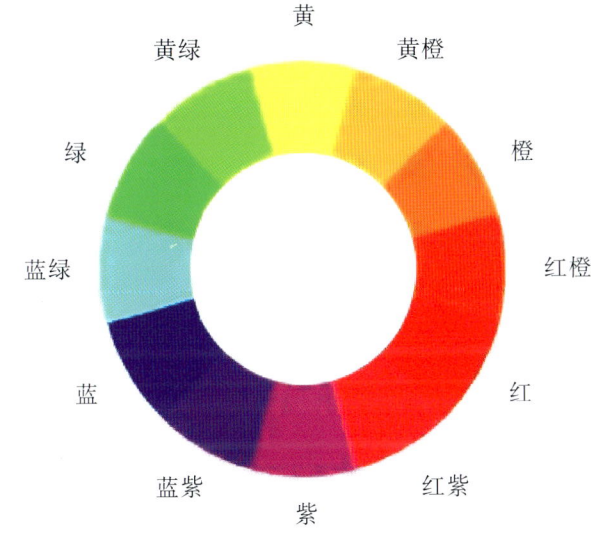

图 3-1 十二色环

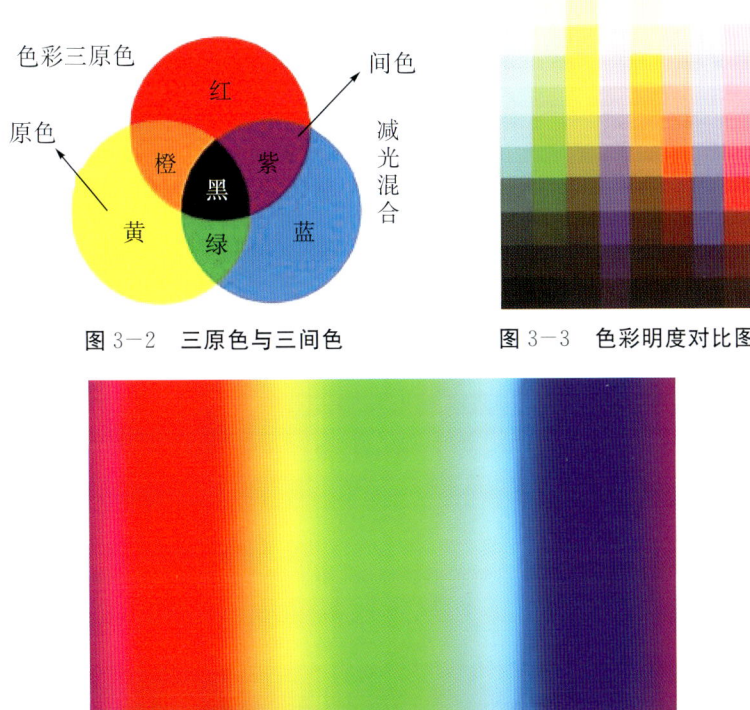

图 3-2 三原色与三间色　　　图 3-3 色彩明度对比图

图 3-4 色彩彩度对比图

图 3-5

图 7-1

图 7-2

步骤一：妆前照

步骤二：底妆＋描眉

步骤三：眼妆

步骤四：腮红＋高光＋侧影

步骤五：唇妆

整体形象展示

图 12-1　示范妆（一）

步骤一：妆前照

步骤二：底妆

步骤三：描眉＋眼妆

步骤四：腮红＋高光＋侧影

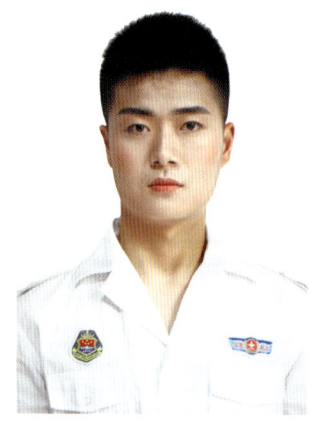
步骤五：唇妆

整体形象展示

图 12-2　示范妆（二）

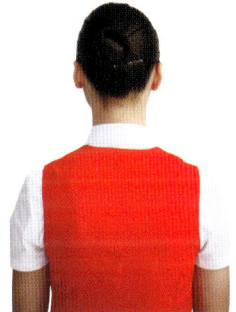

图 13-3

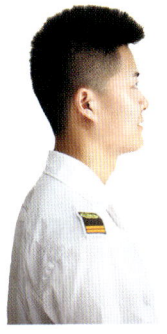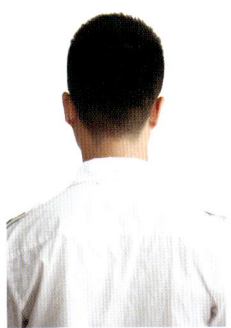

图 13-4

图 14-1

图 14-2

图 14-3

前　言

2017年2月，中国民用航空局、国家发展和改革委员会、交通运输部联合发布了《中国民用航空发展第十三个五年规划》，明确了"十三五"时期民航发展的五大任务，包括确保航空持续安全，构建国家综合机场体系，全面提升航空服务能力，努力提升空管保障服务水平，以改革创新推动转型发展等。随着中国民航业的高速发展，民航服务人才需求量增大，民航服务专业就业前景广阔。为培养具有较高专业应用水平，综合素质优秀，熟练掌握民航服务理论和基本技能，符合民航业发展需要的复合型、技能型、应用型的高级航空服务专业人才，在大力发展高等职业教育的同时，各级部门和高等院校重视发挥教师的积极性与创造性，鼓励和支持教师编写具有高职教育特色和民航服务特色的教材。

四川东星航空教育集团从2007年创建伊始，就致力于为中国民航培养高素质的航空服务类专门人才。集团旗下的成都东星航空旅游专修学院汇集了一大批热爱民航的专兼职教师，聘请了行业专家指导办学。2011年，学院组织校内教师及校外专家学者，编写了"十二五"规划航空服务专业共计14门课程的统编教材，由四川大学出版社正式出版发行。这套教材在使用过程中，得到了广大师生与同业专家的一致好评。但是，伴随着我国民航业突飞猛进的发展，"十三五"规划对我国民用航空发展提出了新理念、新要求，人民群众对航空安全便捷出行方式有了新期盼，原有教材已不能满足新时代对航空人才培养的需求。

2016年，四川东星航空教育集团成立了"十三五"规划民航特色专业统编教材编委会，启动了对"十二五"规划航空服务专业统编教材的全面修订工作。按照"理论联系实际，图文并茂，与时俱进，科学发展"的思路，经过近一年多的辛勤工作，这套"十三五"规划民航特色专业统编教材即将付梓，由四川大学出版社正式出版。本系列教材包括《民航服务概论》《民航服务礼仪》《民航实用英语》《民航服务心理学》《民航安全检查基础》《民航物流基础概论》等16种，参与编纂的人员有李筱泲、顾建庄、杨军、刘志惠、罗娅兰、李清霞、冷静、胡启潮、马秀英、黄孟颖、王俊雷、李目、魏薇、王平、吴易、石文娟、魏庆、黄怡川、陈刚、何珊珊、张闪、罗致远、李宛融、王志鸿、李潇潇等。辜英智、刘存绪、魏春霖对全书进行了审读、统稿并定稿。

在本系列教材的编写过程中，四川大学出版社的编辑提出了许多宝贵的意见，航空业界的学者与同行专家提供了有益的思路，相关学者的文章和专著提供了实用的信息，在此一并致以诚挚的谢意。相对于我国高速发展的民航服务业，本书还难以概其全貌，疏漏不妥之处在所难免，恳请读者批评指正。

编写组
2017 年 8 月

目 录

第一章 概 述 ·· (001)

  一、化妆的概念 ··· (001)

  二、化妆的作用 ··· (001)

  三、化妆的基本原则 ·· (002)

  四、化妆的要点 ··· (002)

  五、化妆的分类 ··· (002)

第二章 个人形象设计 ·· (003)

  第一节 形象设计的概念与基本原则 ······································· (003)

    一、形象设计的概念 ·· (003)

    二、形象设计的基本原则 ··· (004)

  第二节 形象设计的构成要素 ·· (005)

    一、体型要素 ·· (005)

    二、发型要素 ·· (005)

    三、化妆要素 ·· (006)

    四、服装款式要素 ·· (006)

    五、饰品、配件要素 ··· (006)

    六、个性要素 ·· (006)

    七、心理要素 ·· (007)

    八、文化修养要素 ·· (007)

  第三节 民航服务人员形象定位 ··· (007)

    一、明确形象定位 ·· (007)

    二、适应个性特征 ·· (008)

三、民航服务人员的角色定位……………………………………………（008）

第三章　化妆色彩的运用……………………………………………（009）

第一节　色彩基础知识……………………………………………（009）

一、色彩的概念……………………………………………………（009）

二、色彩的分类……………………………………………………（009）

三、三原色和三间色………………………………………………（010）

四、色彩的属性……………………………………………………（010）

第二节　色彩的情感……………………………………………（011）

一、红色……………………………………………………………（011）

二、橙色……………………………………………………………（011）

三、黄色……………………………………………………………（011）

四、绿色……………………………………………………………（012）

五、蓝色……………………………………………………………（012）

六、紫色……………………………………………………………（012）

七、白色……………………………………………………………（013）

八、黑色……………………………………………………………（013）

九、灰色……………………………………………………………（013）

第三节　常用化妆色彩的搭配……………………………………（014）

一、化妆中色彩的搭配方法………………………………………（014）

二、眼影色与妆面的搭配…………………………………………（015）

三、腮红色与妆面的搭配…………………………………………（016）

四、唇膏色与妆面的搭配…………………………………………（016）

第四章　化妆品与化妆工具…………………………………………（017）

第一节　化妆品的分类和使用……………………………………（017）

一、化妆品的分类…………………………………………………（017）

二、化妆品的选择和使用…………………………………………（019）

第二节　化妆工具的分类和使用…………………………………（022）

一、化妆工具的分类………………………………………………（022）

二、化妆工具的清洗………………………………………………（028）

第五章 皮肤基础知识 (029)

第一节 常见皮肤特征 (029)
一、皮肤的结构 (029)
二、皮肤的生理功能 (033)

第二节 皮肤的护理 (034)
一、中性皮肤的护理 (034)
二、干性皮肤的护理 (035)
三、油性皮肤的护理 (036)
四、混合性皮肤的护理 (037)
五、敏感性皮肤的护理 (037)
六、化妆前与卸妆后的皮肤护理 (038)
七、每周的皮肤护理 (038)

第六章 面部轮廓与五官 (039)

第一节 头部骨骼结构 (039)
一、骨骼的生理结构 (039)
二、头部骨骼结构 (039)
三、骨骼与化妆的关系 (041)

第二节 标准面部比例与常见脸型 (042)
一、标准面部比例 (042)
二、常见脸型 (044)

第七章 底妆技巧 (046)

第一节 面部清洁 (046)
一、面部清洁的分类 (046)
二、面部清洁的具体步骤 (046)

第二节 基础底妆 (048)
一、粉底的作用 (049)
二、打粉底的工具 (049)
三、基础打底的顺序 (050)
四、打粉底的流程 (050)

第三节 立体底妆 (050)

一、立体底妆的作用……………………………………………………（050）

二、面部轮廓线的区分…………………………………………………（050）

三、立体底妆的打法……………………………………………………（050）

四、定妆…………………………………………………………………（051）

第八章 眉形的修饰……………………………………………………（052）

第一节 眉毛的形态……………………………………………………（052）

一、眉毛的作用…………………………………………………………（052）

二、眉毛的生理结构……………………………………………………（052）

三、常见眉形……………………………………………………………（053）

第二节 眉毛的修饰……………………………………………………（055）

一、修眉的方法…………………………………………………………（055）

二、眉毛的画法…………………………………………………………（055）

三、不同脸型适合的眉形………………………………………………（055）

第九章 眼妆技巧…………………………………………………………（059）

第一节 眼影晕染………………………………………………………（059）

一、眼影的作用…………………………………………………………（059）

二、眼影色的分类………………………………………………………（059）

三、眼影的晕染方法……………………………………………………（060）

第二节 眼线与睫毛膏…………………………………………………（062）

一、眼线的画法…………………………………………………………（062）

二、睫毛膏的使用方法…………………………………………………（063）

第十章 腮红上妆技巧……………………………………………………（066）

一、腮红的作用…………………………………………………………（066）

二、标准的腮红位置与打法……………………………………………（066）

三、不同色系腮红的作用………………………………………………（067）

第十一章 唇部的修饰……………………………………………………（068）

一、唇部化妆的作用……………………………………………………（068）

二、标准唇形的判断……………………………………………………（068）

三、唇妆的化法…………………………………………………………（068）

四、不同唇形的修饰……………………………………………………（069）

第十二章 常见妆型……………………………………（071）

第一节 生活妆……………………………………（071）
一、生活妆的运用……………………………………（071）
二、妆型的表现手法…………………………………（071）
三、生活妆的化法……………………………………（071）

第二节 职业妆……………………………………（073）
一、职业妆的打造……………………………………（073）
二、成功的职业妆的要点……………………………（074）

第三节 晚妆………………………………………（075）
一、晚妆的概念………………………………………（075）
二、晚妆的上妆方法…………………………………（075）

第四节 舞台妆……………………………………（076）

第十三章 民航服务人员发型设计…………………（078）

第一节 头发的生理特征……………………………（078）
一、概述………………………………………………（078）
二、头发的结构和形状………………………………（079）

第二节 头发的健康状况及其识别和养护…………（081）
一、中性健康的发质…………………………………（081）
二、干性发质…………………………………………（082）
三、油性发质…………………………………………（082）
四、混合性发质………………………………………（083）
五、异常脱发…………………………………………（083）
六、正确的洗发步骤…………………………………（084）

第三节 发型与脸型的搭配…………………………（086）

第四节 民航服务人员发型基本要求………………（088）
一、民航服务人员标准女士发型要求………………（088）
二、民航服务人员标准男士发型要求………………（089）

第十四章 民航服务人员形象塑造…………………（090）

第一节 民航服务人员标准仪容……………………（090）
一、女性民航服务人员标准仪容……………………（090）

　　二、男性民航服务人员标准仪容……………………………………（091）
　　三、男性民航服务人员的妆容修饰…………………………………（091）
第二节　民航服务人员着装要求与规范………………………………（092）
　　一、女性民航服务人员着装要求与规范……………………………（092）
　　二、男性民航服务人员着装要求与规范……………………………（093）
附　录　民航服务人员面试指南…………………………………………（094）
　　一、如何做一名合格的空姐——空姐的形象………………………（094）
　　二、如何做一名合格的空姐——空姐的职业道德…………………（095）
　　三、如何做一名合格的空姐——空姐的职业形象…………………（097）
　　四、面试技巧…………………………………………………………（097）
　　五、面试实战…………………………………………………………（099）
　　六、民航招聘空姐的一般要求………………………………………（101）
　　七、面试基本流程……………………………………………………（102）
　　八、空乘日程模拟表…………………………………………………（104）
参考文献……………………………………………………………………（105）
后　记………………………………………………………………………（106）

第一章 概 述

化妆，在现代人的社会生活中占有十分重要的位置。合适的妆容，能提升气质，增强自信。在正式的社交场合，一款恰当的妆容也是对他人与自己的尊重。在众多职业中，尤其是对民航服务人员，在个人形象、化妆修饰、礼仪表达等方面有着更高的特殊要求。

一、化妆的概念

民航服务是高标准、高质量的优质行业服务，一位合格的民航服务人员除了在服务过程中，通过对旅客的用心、周到服务，体现其高尚品格与良好素养之外，其良好的外在形象往往也能给旅客留下美好的第一印象，拉近与旅客的关系，从而使民航服务顺利进行。民航服务行业十分重视工作人员的外在形象，因此，工作人员的形象塑造显得尤为重要，化妆更是不可或缺。

什么是化妆呢？

狭义：人们在日常社会活动中，以化妆品及艺术描绘的手法来美化自己，达到增强自信和尊重他人的目的。

广义：根据不同的目的和要求，对人物进行整体的造型风格设计，利用专业的用具和材料，运用专业的技术和方法，对人的面部及身体进行装饰，从而收到一定的视觉效果。

二、化妆的作用

民航服务人员的形象和礼仪不仅关系着相关航空公司的形象，甚至代表着国家、民族的对外形象，因此，化妆也就显得尤为重要。化妆的作用与目的如下：

①美化容貌。化妆的目的是美化自己的容貌。

②增强自信。化妆在为人们增添美感的同时，也为人们带来了自信。

③弥补缺陷。化妆可通过运用色彩的明暗变化和色调的对比关系造成视觉上的错觉，从而达到弥补不足的目的。

三、化妆的基本原则

妆容千变万化，不同的妆容在颜色浓淡程度及化妆品的选择和使用方面都存在一定的差异。作为民航服务人员，在工作时应化淡妆，妆容清丽、素雅，具有鲜明的立体感，不过分引人注目，能恰到好处地展示民航服务人员的光彩与魅力。在化妆时，需要遵循以下几项原则：

①扬长避短。发挥自己最大的优点，遮盖自身原有的缺点。

②自然真实。不虚浮，不夸张，流露自然真实的一面。

③突出个性。有自己的独特风格。

④整体协调。色调、外形搭配协调，给人以良好的视觉感受。

四、化妆的要点

化妆的要点如下：

①因时而异。

②因地而异。

③因人而异。

五、化妆的分类

按化妆内容可分为基础化妆和重点化妆。

基础化妆是指对整个面部进行肤色的调整，包括清洁、爽肤、润肤、涂隔离霜、上粉底、定妆等。

重点化妆是指对面部五官的整体修饰，包括修眉、画眼影、眼线、涂睫毛膏、上腮红、唇彩等。对面部五官的整体修饰能够增强面部的精致感与立体感。可以根据不同时间与场合进行变化与调整。

第二章　个人形象设计

第一节　形象设计的概念与基本原则

一、形象设计的概念

形象设计是以人体美学为依据，造型基本元素"形"和"色"为手段，进行外在形象和内在气质的全方位塑造，实现整体形象美的过程。目前社会上对形象设计有一些片面的理解，好像形象设计就是化妆、美容、发型、服饰等。事实上，仪容仪表是可塑造的，但前提是要适应个人自身的条件，根据脸型、肤色、体型、年龄、职业，以及个性、气质等因素综合构思，再结合设计专业中两大造型基本元素"形"和"色"进行恰到好处的搭配、修饰和装扮，从而实现外在形象与内在气质、个性和谐统一的整体形象美。

"形象"即社会公众对于个体的整体印象和评价。

随着社会的日益现代化，人们的生活质量也在不断提高，越来越多的人开始认识到，真正的形象美在于充分地展示自己的个性。创造一个属于自己的、有特色的个人整体形象才是更高的境界。人们对美的关注也不再仅仅局限于面部，而开始讲求从发式、妆容、服饰的整体和谐到个人气质的培养。

二、形象设计的基本原则

1. 整体性原则

（1）内外结合

外在形象与内在个性精神应该结合为一个整体，不能貌合神离。

（2）"形"与"色"结合

"形"与"色"相符合。

（3）健与美结合

健康与美丽相结合。形象设计要体现健康美丽的形象，而不是病态之美。

（4）男女有别

男性以阳刚之美为主，刚中有柔，刚柔相济；女性以阴柔之美为主，柔中有刚，刚柔相济。

随着时代的变迁，人们的审美观也在不断发生变化。

2. 自然和谐的原则

自然和谐的美是最吸引人的，违背自然和谐的美是不真实的。综合设计对象的各方面条件，如年龄、性别、身高、脸型、体型、肤色、气质、文化素养、社会环境、职业等，找出体现其内在精神的重点，通过造型的手段——美容、化妆、发型、服饰等以及仪态风度、言行举止，实现自然、和谐的整体形象美。

3. 遵循 TPO 的原则

T 是 time 的缩写，通常指时间、时期、时令等，具体是指在进行形象设计时要有时代感，要符合同时代多数人的审美观，在整体风格上不要超越或落后于时代。

P 是 place 的缩写，通常指地域、场合、场所等。这一原则的具体要求包括两方面：一是服饰，二是装扮。还要注意自身的职业、身份。如出席一个重要的会议时，最好选择色彩淡雅、款式大方的服饰，举止优雅，谈吐高雅，给人以严肃认真和庄重的感觉。

O 是 object 的缩写，通常指目的、目标、对象等。进行形象设计时要注意身体条件，可利用化妆、发型、服饰等扬长避短，突出个性。

4. 个性原则

人的容貌、形体是千差万别的，人的性格与气质也是多种多样的，有的沉静、内向，有的活泼、开朗，有的严肃、庄重，有的诙谐、幽默，有的朴实、憨厚，等等。不同的性格、不同的气质、不同的文化素养、不同的职业等应有不同的整体形象，形象设计应该展示多种多样的个性形象，切忌千篇一律。

美不应千篇一律，美必须是多种多样的，具有个性特征的。没有个性的形象是缺乏活力的，只有突出个性特征的设计，才是完整意义上的形象设计。

第二节　形象设计的构成要素

要根据设计对象的职业、身份等，与其相貌、气质、性格特点等相适应，对其进行形象设计。形象设计的目的是通过对主体原有的形象进行改造或重新塑造，改善主体形象。真正的形象设计的目的是以优雅的外表展现个人的美好内涵，因此，需要深入了解人类群体共性中的个性化元素。

一、体型要素

体型要素是形象设计诸要素中最重要的要素之一。良好的形体会给形象设计师施展才华留下广阔的空间。完美的体形固然要靠先天的遗传，但后天的塑造也是相当重要的。长期的强身健体和合理的饮食等，有助于保持良好的形体。

二、发型要素

随着科学的发展，美发工具的更新，各种染发剂、定型液等层出不穷，为塑造千姿百态的发型提供了条件，而发型的式样和风格能极大地体现人物的性格及精神面貌。

三、化妆要素

从古至今，人们都注重梳妆打扮，特别是逢年过节和出席重要活动，可见化妆对展示自我的重要性。淡妆清雅、随意，彩妆艳丽、浓重。不同的妆容与服饰、发型的和谐统一，能更好地展示自我、表现自我。化妆在形象设计中起着画龙点睛的作用。

四、服装款式要素

服装造型是形象设计中的重头戏。选择服装款式、颜色、材质，还要充分考虑视觉、触觉以及人们所可能产生的心理、生理反应。服装能体现年龄、职业、性格、时代、民族等特征。在航空服务领域，不同的服装也彰显着不同国家和地区航空公司的特色。

五、饰品、配件要素

饰品、配件的种类很多，首饰、帽子、鞋、包袋等都是人们常用的。每一类饰品和配件的材质和色泽不同，造型也千姿百态，能恰到好处地点缀服装，塑造整体造型。它能使灰暗变得亮丽，给平淡增添韵味。服饰的选择和搭配，能充分体现人的穿着品位和艺术修养。

在遵循饰品佩戴原则的同时，要学会了解自己的风格，扬长避短，注意出席的场合与身份地位。要注意提高自己的审美品位。

在航空服务领域，更要准确定位，佩戴风格低调而不张扬，简约而美丽。

六、个性要素

在进行全方位形象设计时，要考虑一个重要的因素，即个性要素。言谈举止会流露出人的个性特点。忽略人的气质、性格等个性特点，一味地追求衣着的时髦和饰品的华贵，只会被人笑为"臭美"。只有当"形"与"神"达到和谐时，才能创造出自然得体的新形象。

七、心理要素

人的个性的形成，既有先天的遗传，又有后天的培养，而心理要素完全取决于后天的培养。高尚的品格、健康的心理所流露出的充分的自信，再配以得体的服饰，是事业迈向成功的第一步。

八、文化修养要素

人与社会、人与环境、人与人之间都有着相互联系，在社会交往中，谈吐、举止与外在形象同等重要。良好的外在形象建立在自身的文化修养基础之上，而人的个性及心理素质则要靠良好的文化修养来调节。只有具备一定的文化修养，才能使自己的形象更加丰满、完善。

在形象设计中，如果将体型要素和服饰要素视为硬件的话，那么文化修养要素和心理素质则是软件。硬件可以借助于形象设计师来塑造和改变，而软件则需靠自身的不断学习和修炼。硬件和软件完美结合，才能达到形象设计的最佳效果。

第三节　民航服务人员形象定位

一、明确形象定位

首先应明确设计对象的目的和要求。不要将形象设计神秘化，也不要将其简单化。例如，你要参加何种社交活动，是婚礼、宴会、生日聚会还是开业庆典？你在这些活动中扮演什么角色，是主持人、贵宾还是一般人员？参加时应是什么心情，是庄重严肃还是轻松活泼？在社交活动中如何表现和突出自己的个性特征？如此等等，都需要设计师充分了解，以便对设计对象进行明确的形象定位。

二、适应个性特征

在塑造形象时，应充分考虑脸型、体型、肤色和皮肤性质、职业、身份、个性特征和文化素养等。

三、民航服务人员的角色定位

1. 展示角色

航空服务是展示国家礼仪与形象的窗口行业。民航服务人员所展示的形象，也代表着其所在航空公司的形象。

2. 服务角色

民航服务人员的形象对民航服务有增值作用。提供空中服务、满足乘客的要求是空乘人员的天职；对进入隔离区的旅客、行李、货邮、工作人员、机组人员等进行一系列的安全检查工作，保证旅客安全和民用航空器的空中飞行安全是安检人员的天职。服务角色应贯穿于民航服务的始终。

3. 多变角色

民航服务最大的特点就是不确定性，灵活性与应变能力是民航服务的灵魂。

4. 美化环境角色

民航服务人员作为机场环境的构成要素之一，其形象要与岗位的要求一致。例如：空乘人员，需要温馨、可信；安检人员，需要严谨、庄重；柜台值机人员，需要亲切，遇到突发事件要沉着、冷静。

第三章　化妆色彩的运用

第一节　色彩基础知识

不同的颜色会带给人们不同的感觉，在这个五彩缤纷的色彩世界，色彩一直刺激着我们的视觉器官。形象设计为什么要讲到色彩呢？那是因为不同的颜色用于不同的人身上，它所传达的信息是不同的。如何选择及搭配色彩有很多学问，要找到适合自己的色彩，首先要了解色彩。

一、色彩的概念

色彩是通过光线进入眼睛的，它遍布在视网膜上，使视觉神经感受到并被大脑感知。感受色彩的是视觉神经，然后变换成生物电流信号，通过神经节细胞传送给大脑。

物体表面的色彩取决于光源的照射、物体本身的反射、环境与空间对物体色彩的影响。在太阳光中，有可见光和不可见光。1666年牛顿通过三棱镜将自然的光线分解为七色光。按照光波的长短，其排列顺序依次为红、橙、黄、绿、青、蓝、紫，红色波长最长，紫色波长最短。波长大于红色的为红外线，波长小于紫色的为紫外线。红外线被称为生命之光。

二、色彩的分类

色彩一般分为两大类：无彩色系和有彩色系。有彩色系的颜色具有三个基本特性：色相、纯度（也称彩度、饱和度）、明度，在色彩学上也称为色彩的三大要素或色彩的三属性。饱和度为0的颜色属于无彩色系。各种色彩大致如图3-1所示（见彩插）。

三、三原色和三间色

色彩三原色：红、黄、蓝三种颜色。三种颜色分别指定为大红、柠檬黄（淡黄）、普蓝（群青）。

色彩三间色：又称"二次色"。它是由三原色调配出来的颜色，是由两种原色，按照1∶1的比例调配出来的。如：红与黄调配出橙色，黄与蓝调配出绿色，红与蓝调配出紫色，橙、绿、紫三种颜色叫"三间色"。在调配时，由于原色在分量上有所不同，还可以产生丰富的间色变化，如图3-2所示（见彩插）。

按照传统的色彩三原色理论及其补色原理，三原色中，每两种颜色相混合，就与第三种颜色互为补色，即红—绿、蓝—橙、黄—紫三对补色。

四、色彩的属性

1. 色相

色相即色彩的面貌，也是色彩的名字，也可称色名。例如：红色、黄色、蓝色。

2. 明度

明度即色彩的明暗程度。明度高是指色彩明亮，而明度低则是指色彩晦暗。例如，黄色是明度高的色彩，紫色的明度则比较低。

明度最高的是白色，明度最低的是黑色。色彩明度对比如图3-3所示（见彩插）。

3. 彩度

彩度即饱和度、纯度，是指色彩的纯度。通常是以某种色彩内所含的同一色名的纯色所占的比例来分辨彩度的高低。在同一色名中，纯色比例高则彩度高，纯色比例低则彩度低。色彩彩度对比如图3-4所示（见彩插）。

第二节　色彩的情感

色彩的情感，指不同波长色彩的光信息作用于人的视觉器官，通过神经传入大脑后，经过思维，与以往的记忆及经验产生联想，从而形成一系列的色彩心理反应。

一、红色

红色是火热的、充满力量的和富有能量的颜色。你是否有过这样的体验，手持火红的玫瑰或染上红色的指甲油，心情会愉悦起来？淡红色和粉色给人以温柔、可爱的感觉，暗红色则给人以沉静、高雅的印象。

联想物：热情、火焰、兴奋、欢喜、能量、生命力、愤怒、疯狂、激情。

二、橙色

橙色不如红色那么强烈，它是传达活泼、健康感觉的开放性颜色。它使人联想到胡萝卜、橘子、柿子等食物，带给人家庭般亲切的感觉。因其色彩缓和、醒目，故常被用于食品广告中。

橙色稍暗点就接近茶色，成为土地的颜色，令人感到安慰与放松。另外，橙色还能使人感受到树木的气息。但是要注意，如果配色不当，就会失去它应有的品位。橙色与黑色、绿色较相配。

联想物：活泼、健康、精神、愉快、丰富、生机勃勃、柿子、橘子、年轻、明朗。

三、黄色

黄色是洋溢着喜悦的、轻快、明朗的颜色，仿佛春天的花蕾，让人感觉到由内而外蓬勃的生命力。它像是隐藏了某种倾吐的欲望，又像是遥遥之外希望引人注目的颜色，因此常被用于提醒注意事项。例如，施工现场以黑色与黄色相搭配，表示提醒注意。同样，我们经常会见到一些海报与告示板的设计为了达到从较远距离就能清晰识别的目的而把背景变暗，使黄色突出。

皮肤被阳光晒成小麦色的人很适合穿鲜艳的黄色衣服。

联想物：轻快、明朗、愉快、月亮、可爱、温柔、轻盈、向日葵、娇气。

四、绿色

绿色使人联想到大自然的美丽，是令人放松、能解除疲劳的颜色。它宛如新生的嫩芽，象征着生命的和平与安全。

绿色对疲劳的眼睛与身体而言是最有益处的颜色。医院的手术室就是因为考虑到与血液的红色的补色关系而采用淡淡的青绿色，以减轻眼睛的疲劳感。室内装饰如果也能利用绿色植物或绿色系窗帘的话，便可以营造舒适的起居空间。

联想物：春天、森林、公园、镇静、安全、生命、和平。

五、蓝色

蓝色是使人心绪稳定的颜色，使人联想到大海的静寂，天空的湛蓝以及变幻莫测、无边无际的宇宙。明亮的蓝色象征着理想、自立和希望，暗蓝色则让人感觉冷峻，蕴含着一种忧郁之感。同时，蓝色又代表诚实、忠诚等，是大多数人所钟爱的颜色。

联想物：理想、诚实、天空、大海、宇宙、自立、自制、忍耐、忠实、冷静、广大、理智。

六、紫色

紫色因其高贵感而被认为是王侯贵族的颜色。大约从公元前1000年开始，人们就从贝壳中提取染料，用于染紫色的衣物。当时为了得到1克染料，需要2000个贝壳。不仅原料的取得如此艰难，在技术方面也存在问题，因此，紫色成为一种难以获取的颜色。

不论是东方还是西方，紫色一直被认为是高贵的象征而颇受推崇。淡紫色使女性的形象优雅、温柔，而亮紫色则让人感觉到华丽、性感。紫色的花有许多，诸如紫丁香、菖蒲、薰衣草等，都是很美丽的。

联想物：神秘、高贵、勿忘我、贝壳、紫罗兰。

七、白色

白色具有明亮、洁白、纯粹、洁净、坦诚之意。寂静、洁白的雪景，纯白色的婚纱都给人一尘不染的感觉。因此，在必须树立洁净形象的医院等地方多使用白色。此外，由于白色容易与其他颜色相配，因此成为受女性青睐的颜色之一。

联想物：清洁、雪、纯洁、护士、珍珠、牛奶。

八、黑色

黑色是最暗的颜色，总让人联想到一些消极的东西，诸如夜、恐怖、黑暗、不安、罪恶等。同时，黑色表达着一种向周围的压抑和桎梏反抗的情绪。黑色受到青年人的喜爱，因为它同时也表达出敏锐与锋芒，在黑色冷酷的表面下也许还隐藏着热烈的情感。

联想物：夜、孤独、乌鸦、死亡、墨、不安、丧服、压抑、罪恶、潇洒、都市。

九、灰色

灰色在白色和黑色之间。从浅灰到暗灰，有若干种灰色。灰色给人以宁静、高雅的感觉，同时还给人以朴素、孤寂的感觉。若想成功地使用灰色，配色时就需要注意灰色的面积。

联想物：影子、怀疑、雾霭、炭、水墨画、冬季的天空、忧郁、没精神、不安。

第三节　常用化妆色彩的搭配

在化妆中，"形"的构思依赖于色彩的描画。通常在一个妆型中会出现几种不同的色彩，在化妆色彩的选择上，既要考虑色彩搭配是否符合规律，又要考虑化妆色彩是否符合妆面特点，是否与妆面效果协调一致。因此，色彩的巧妙运用是构成美丽妆容的重要因素。

一、化妆中色彩的搭配方法

1. 色彩的明度对比搭配

明度对比是指色彩在明暗程度上产生的对比效果，也称深浅对比。明度对比有强弱之分。强对比，各种颜色之间的反差大，对比强烈，能产生明显的凹凸效果，如黑色与白色对比；弱对比则淡雅含蓄，比较自然柔和，如浅灰色与白色对比，淡粉色与淡黄色对比，紫色与深蓝色对比。

化妆中运用明度对比进行色彩搭配，能使平淡的五官显得醒目，具有立体感。

2. 色彩的纯度对比搭配

纯度对比是指由于色彩纯度的区别而形成的色彩对比效果。纯度越高，色彩越鲜明，对比越强烈，妆面效果明艳、跳跃。纯度低，则色彩浅淡，色彩对比弱，妆面效果含蓄、柔和。

化妆中运用纯度对比进行色彩搭配，要分清色彩的主次关系，避免产生凌乱的妆面效果。

3. 同类色、邻近色的对比搭配

同类色对比是指在同一色相中，色彩的不同纯度与明度的对比，如化妆中使用深棕色与浅棕色的晕染属于同类色对比。邻近色对比则是指色相环中距离接近的色彩对比，如绿色与黄色、黄色与橙色的对比等。

化妆中运用同类色、邻近色进行搭配，妆面柔和、淡雅，但容易产生平淡、模糊的感觉。因此，要适当地调整色彩的明度，使妆面效果和谐。

4. 互补色、对比色的对比搭配

互补色对比是指在色相环中呈180°的相对的两种颜色，如绿色与红色、黄色与紫色、蓝色与橙色等。对比色对比是指三原色中的两种原色之间的对比。

这两种对比都属于强对比，对比效果强烈，引人注目，适用于浓妆及气氛热烈的场合。在搭配时，要注意强烈效果下的和谐关系。使之和谐的手法有改变面积，改变明度，改变纯度等。

5. 冷色、暖色的对比搭配

色彩的冷暖感觉是由各种颜色给予人的心理感受而产生的。暖色艳丽、醒目，具有扩张性，容易使人兴奋，感觉温暖；冷色神秘、冷静，具有收缩性，使人安静平和，感觉清爽。

冷色在暖色的衬映下，会显得更加冷艳。例如，冷色系的妆容用暖色点缀，更能衬托出妆容的冷艳；而暖色在冷色的映衬下会显得更加温暖。在进行化妆色彩搭配时，应充分考虑到这一点。

二、眼影色与妆面的搭配

1. 日常妆容的眼影色及妆面效果

日常妆容可单选一种颜色晕染眼部，增加眼部神韵即可；也可使用两种不同色相且较淡的颜色拼接晕染，让双眼更加灵动。

单色晕染较常用的色彩有棕色系、粉色系、橙色系、紫色系等。

拼接晕染的搭配法如粉色+紫色、绿色+蓝色、黄色+蓝色、橘色+深绿蓝、粉色+黄色等。

2. 浓妆的眼影色及妆面效果

浓妆可选择同一色系的不同颜色进行叠加晕染，增加眼睛的立体感；同样，也可使用两种或两种以上不同色相的颜色进行拼接晕染，让眼部色彩更加丰富。

同一色系叠加晕染的色彩选择：淡紫色+紫色+深紫色、浅蓝色+蓝色+深蓝色。

拼接晕染的搭配法如紫色+蓝色、紫色+蓝色+绿色、棕色+绿色、浅棕色+深棕色+黑色等。

三、腮红色与妆面的搭配

日妆，腮红色宜选粉红色、浅棕红、浅橙红等比较浅淡的颜色。选择腮红色时，要注意与眼影及妆面的其他色调相协调。棕红色、玫瑰红等较重的颜色适用于浓妆。

腮红色与眼影色和唇色相比，其纯度与明度都要适当减弱，从而使妆面有层次感。

四、唇膏色与妆面的搭配

棕红色：朴实。妆面显得稳重、含蓄、成熟，适用于年龄较大的女性。

豆沙红：含蓄、典雅、轻松自然。妆面显得柔和，适用于较成熟的女性。

橙色：热情、富有青春活力。妆面显得热情奔放，适用于青春气息浓郁的女性。

粉红：娇美、柔和。妆面显得清新可爱，适用于皮肤较白的青春少女。

玫瑰红：高雅、艳丽。妆面效果醒目，适用于晚宴妆及新娘妆。

在选唇膏色时，除考虑以上因素外，还有考虑环境与场合的因素。如时装发布会、化妆比赛、发型展示会、化装舞会等，唇膏色还会选用黑色、蓝紫色、绿色、金色等不常见的颜色。

完整的妆容如图3-5所示（见彩插）。

第四章　化妆品与化妆工具

第一节　化妆品的分类和使用

化妆品是清洁、保养和美化肌肤的日常用品，它能够弥补人体不足，给人以容貌整洁的感觉，是有益于人们身心健康的生活必需品。选择一套适合自己的、好用的化妆品，既得心应手，又能增辉添色。

一、化妆品的分类

化妆品的种类主要有：

①发用类。包括洗发、护发、固发、美发、养发等类化妆品。

②护肤类。包括膏、霜、乳液、洗面奶等化妆品。

③美容修饰类。包括胭脂、粉类、唇膏、指甲用化妆品、眼部用化妆品等。

④香水类。包括香水、化妆水等化妆品。

1. 按使用目的分类

（1）清洁化妆品

如：洗面奶、洁面泡沫、清洁面膜等。

（2）基础化妆品

如：洁面乳、化妆水、乳液、精华素、眼霜等。

(3) 美容化妆品

用于修饰容貌，增进美感。如：腮红、眼影、睫毛膏、唇膏等。

(4) 疗效化妆品

如：美白产品、抗衰老产品、祛斑产品等。

2. 按使用部位分类

(1) 肤用化妆品

指面部及身体皮肤用化妆品。这类化妆品如各种面霜、护肤乳、润手霜等。

(2) 发用化妆品

指头发专用化妆品。这类化妆品如洗发香波、护发素、摩丝、喷雾发胶等。

(3) 美容化妆品

主要指面部美容产品，也包括指甲、头发的美容品。

(4) 特殊功能化妆品

指添加有特殊作用药物的化妆品。如用于育发、染发、烫发、脱毛、丰乳、祛斑、防晒等的化妆品。

3. 按剂型分类

(1) 液体化妆品

如：精华液、化妆水、洁肤水、香水等。

(2) 膏霜类

如：隔离霜、保湿霜、防晒霜、美白霜等。

(3) 粉类

指各种香粉、爽身粉等。

4. 按年龄分类

(1) 婴儿用化妆品

(2) 少年用化妆品

(3) 成年人用化妆品

5. 按产品特点分类

(1) 乳剂类

指各种膏、霜、蜜。

(2)粉类

指各种香粉、爽身粉。

(3)美容类

指唇膏、眼影、睫毛膏、指甲油等。

(4)香水类

指香水、古龙水、花露水。

(5)香波类

指浴液、洗发水、护发素等。

(6)美发类

指染发、烫发和定型产品。

(7)疗效类

指添加药物的化妆品。

二、化妆品的选择和使用

1. 妆前乳液(隔离霜)

化妆前的基本护理,保湿滋润,使妆容更加帖服,并有效抵抗紫外线辐射,隔离尘垢。

妆前乳液(隔离霜)的选择:

(1)紫色

在色彩学中,紫色的对比色是黄色,因此紫色具有中和黄色的作用。紫色隔离霜可以使皮肤呈现健康明亮、白里透红的光泽。

适合普通皮肤和稍偏黄的皮肤。

(2)绿色

在色彩学中,绿色的对比色是红色。绿色隔离霜可以中和面部过多的红色,使皮肤呈现亮白的完美效果。另外,还可以有效地遮盖痘痕。

适合偏红的皮肤和有痘痕的皮肤。

(3)白色

白色隔离霜是专为肤色晦暗、色素分布不均匀的皮肤而设计的。使用白色隔离霜后,皮肤的明度增加,皮肤看起来干净而有光泽。

适合晦暗的、色素分布不均匀的皮肤。

（4）蓝色

蓝色隔离霜可以增强皮肤的透明感，用在肤色较白或需要提亮的部位。蓝色不同于紫色，它可以较温和地修饰肤色，使皮肤显得更加纯净、自然、白皙、动人。

适合泛白（白得有点不健康）、缺乏血色，没有光泽的皮肤。

（5）金色

如果希望拥有健康的巧克力色皮肤，那么金色隔离霜是最好的选择。此外，金色隔离霜还可以让皮肤黑里透红，晶莹透亮，充满活力。

适合肤色较黑或追求小麦色健康肌肤的人。

（6）肤色

肤色隔离霜不具备调色功能，但具有较好的滋润效果。

适合皮肤红润、肤色正常的人，或只要求补水防燥，不要求修饰容貌的人。

妆前乳液（隔离霜）使用方法：用手均匀地涂抹于面部。

2. 粉类

有较强的遮盖性，可掩盖皮肤的瑕疵，改善皮肤质感，使皮肤显得光滑细腻。

（1）粉底的分类

①乳液状粉底。

优点：附着力强，使皮肤更润泽、光滑。

缺点：遮盖力不强，更适合淡妆或皮肤较好的人。

②膏状粉底。

如：盒装粉底、粉条等。

优点：遮盖力强。

缺点：附着力不强。

（2）常用粉底颜色

①象牙白。

可使皮肤产生白里透红的粉嫩效果，适合淡妆或皮肤较白皙的人。

②自然色。

可使皮肤产生自然、柔和的效果，适合绝大部分人。

③黄棕色。

适合皮肤颜色较深的人，也是多数男性选择的粉底，与肤色接近，自然，不虚浮。

（3）粉底的使用方法

粉底液呈液状，水分多，脂类少，粉质细薄、透明，效果自然、真实。适用于夏季，适合中性、油性、混合性皮肤。

粉底霜呈霜状，相对于粉底液来说，水分少，脂类多，粉质密度略大，透明度略小，遮盖力较强。适用于秋、冬季，适合中性、干性皮肤。

粉底膏的成分与粉底霜相同，但水的比例下降，油脂及粉质比例加大，粉质密度大，透明度小，遮盖力强。适用于面部大面积遮瑕与改变肤色、肤质。粉底膏用于底妆，妆容保持时间较粉底液与粉底霜长。

遮瑕膏的密度更大，遮盖力更强，对黑眼圈、色素沉着、斑点、暗疮印、疤痕、胎记等能做到有效遮盖。

粉饼以粉料为主要基体，粉质效果与蜜粉相近，有定妆、补妆的作用。

蜜粉用于固定妆容，减少粉底对皮肤造成的油光感，使妆容整体效果保持柔和。

腮红用于改善肤色，使肤色显得健康红润，涂在适当的部位可调整脸型的视觉效果。

粉底液（霜、膏）：上好底妆后，用湿粉扑或粉底刷均匀涂抹。

遮瑕膏：用遮瑕扫或棉签蘸取少许，涂于需遮盖的部位。

粉饼、蜜粉：上好底妆后，用粉扑或蜜粉扫均匀扑在面部。

腮红：用腮红扫蘸取少许，根据不同面部轮廓，涂抹在特定的面颊部位。

第二节 化妆工具的分类和使用

一、化妆工具的分类

1. 脸部化妆工具

海绵：涂抹粉底的专业工具，主要用途是将粉底涂抹均匀，使粉底与皮肤自然、紧密地贴合。

图 4-1

干粉扑：主要用于定妆，一般呈圆形。主要用途是防止脱妆，吸掉面部多余油脂。

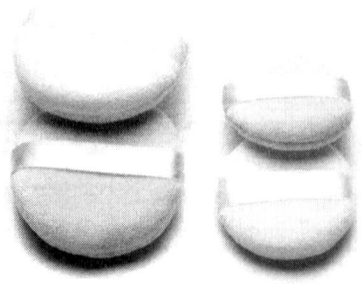

图 4-2

粉底刷：刷头较大且扁平，能大面积地刷涂粉底液和粉底膏，使粉底均匀自然。纤维制成的粉底刷能使粉底与皮肤更服帖，易上妆。

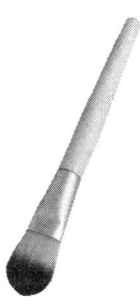

图 4-3

腮红刷：化妆刷中最大的一种毛刷，质地柔软，不刺激皮肤，可用于定妆。

图 4-4

斜角刷：又叫侧影刷，主要用于修饰脸型。

图 4-5

扇形刷：呈较扁平的扇形，主要用于扫除面部多余的粉质。

图 4-6

2. 眼部化妆工具

眼影刷：形状一般为扁圆形，按刷头大小可分为大、中、小号。

图 4-7

眼影海绵棒：刷头为海绵质，上妆容易，但不宜清洗，用于固定颜色。

图 4-8

眼线刷：用于勾画精致的眼线。

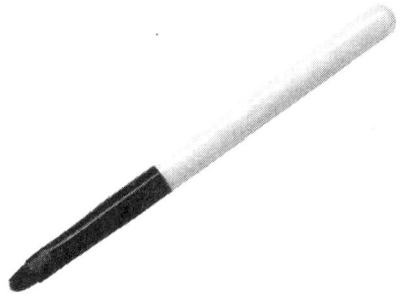

图 4—9

眉刷：刷头为斜角形。

图 4—10

螺旋刷：用于刷开睫毛上的结块。

图 4—11

双头刷：可用于梳理眉毛，令眉形自然生动；也可协助修剪眉毛的长度，使之长短统一。

图 4-12

修眉刀：用于修除眉周多余的杂毛。

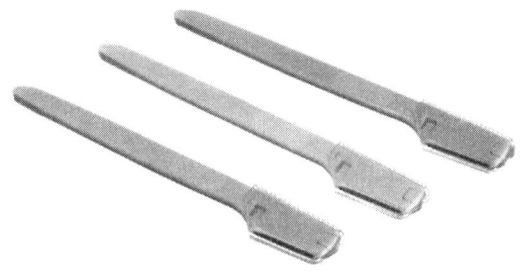

图 4-13

眉剪：用于修剪睫毛、美目贴、假睫毛。

图 4-14

睫毛夹：使睫毛卷曲的工具，弧度以与眼形吻合为准。

图 4-15

3. 唇部化妆工具

唇刷：用于涂抹唇膏以及描画唇形。

图 4-16

4. 辅助性工具

镊子：用于拔除多余的眉毛或辅助粘贴假睫毛、美目贴。

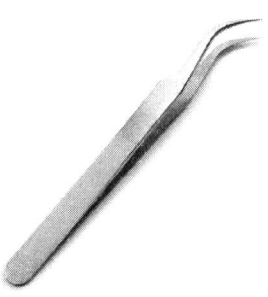

图 4-17

化妆胶带：又称美目贴，是制造理想双眼皮的化妆工具之一。

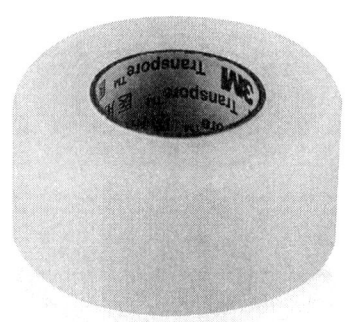

图 4—18

二、化妆工具的清洗

化妆工具不能未经清洗而长期使用，否则会导致化妆时用色不准，颜色杂而不纯；且容易滋生细菌，接触皮肤后容易产生过敏症状。因此，要定期清洗化妆工具。

如果每天都使用化妆工具，那么每隔 4~6 周就应该清洗一次。

清洗方法：用温水浸泡几分钟后，再用温和的洗发水清洗刷头，然后用清水多次清洗干净泡沫。洗干净后不要用吹风机吹干，要用干毛巾吸出刷头的水分，并理顺刷毛，平放在空气流通干爽的地方自然风干。

第五章 皮肤基础知识

第一节 常见皮肤特征

一、皮肤的结构

皮肤是人体最大的器官,皮肤的重量约占人体重量的16%,面积约为1.5～2.2平方米,厚度约为0.5～4.0毫米。其中眼睑及腋部皮肤最薄,手掌及足底皮肤最厚。

皮肤由外向内分为表皮、真皮及皮下组织三层。

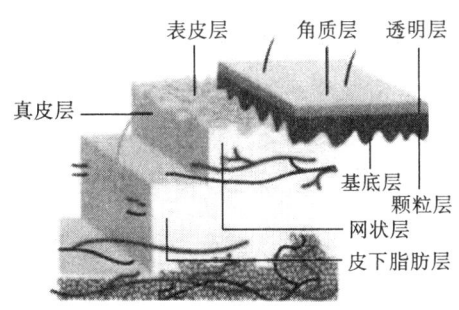

图5-1 皮肤结构

1. 表皮

表皮是最外层皮肤,覆盖全身,有保护作用,平均厚度为0.07～2毫米。表皮内无血管,所以划伤表皮不会出血;但是有丰富的神经末梢,能感知外界刺激，产生触觉、痛觉、压力觉、温觉、冷觉等感觉。

表皮由外向内可分为五层（实际上就是细胞老化的不同阶段）：角质层、透明层、颗粒层、棘细胞层、基底层。

（1）角质层

角质层是表皮的最外层，由数层扁平无核、无生命的角化细胞构成。外层的角化细胞到一定时间呈片状自行脱落，成为皮屑。深层细胞不断分化增生，同时形成新的角化细胞予以补充，使角质层保持一定厚度。经常受摩擦部位的皮肤的角质层比较厚，如手掌、足底处。

角质层的细胞排列紧密，可以抗摩擦，防止体外的水分、化学物质以及微生物等进入体内，并吸收一定量的紫外线，对人体内部组织起保护作用。

角质层细胞的主要成分是软化角质蛋白。它具有较强的吸水性，但又不溶于水，含水量通常在10%~20%，使皮肤柔软，不发生干燥、皲裂现象。

角质层的厚薄对人的肤色和皮肤的吸收能力有一定的影响。角质层过厚会使皮肤看上去发黄，缺少光泽；而且角质层越厚，皮肤吸收能力越差。所以，要定期去角质。将过厚的角质细胞去除，才能增强皮肤对营养物质的吸收能力，达到理想的护肤效果。但是，眼睑处角质层很薄，不能人工去角质，以免损伤皮肤；而且按摩时应轻柔，防止拉松皮肤。

（2）透明层

透明层由2~3层扁平无核细胞构成，光线可以透过。只有手掌、足底等角质层厚的部位才有此层。

细胞的主要成分是角母蛋白和磷脂类物质，有很强的疏水性，防止体内和体外的水、电解质透过，可起到保护作用。

（3）颗粒层

颗粒层由2~4层菱形细胞构成，主要成分是透明蛋白和角质蛋白。

颗粒层的厚度与角质层的厚薄有关。角质层厚的，颗粒层也厚；角质层薄的，颗粒层也薄。

这些细胞几乎接近死亡，正要蜕变成角化细胞。细胞内含有细小的颗粒状物质，有折射光线作用，可以减少射入体内的紫外线。

(4) 棘细胞层

棘细胞层由 4~8 层带棘的多角形细胞构成，是表皮中最厚的一层，细胞核大，细胞间有空隙，以供给细胞营养。

提示：当皮肤缺乏水分和营养时，棘细胞层就会受到破坏，就容易形成假性皱纹。此时若再不及时保养，就会形成真性皱纹。

(5) 基底层

基底层位于真皮和表皮之间，是表皮的最深层，具有分裂增生能力，故又称生发层。基底层由基底细胞和黑色素细胞构成。

基底细胞呈圆柱状，能从真皮层吸收营养，具有分裂繁殖能力，是表皮各层细胞的生化之源。它不断产生新细胞，并逐渐向皮肤推移，变成各层细胞，最后变成死细胞，以皮屑的形式脱落。基底细胞从产生到最后变成皮屑脱落，大约需要 28 天。

黑色素细胞呈树枝状，多位于表皮基底细胞之间，有分泌黑色素的功能。黑色素能吸收阳光中的紫外线，阻止其射入体内伤害深层组织，使皮肤具有一定的抗晒性。

紫外线是黑色素合成的动力，紫外线可激活酪氨酸酶的活性，将酪氨酸酶转化为黑色素。因此，外界紫外线越强，黑色素细胞分泌的黑色素越多。但要注意，皮肤的抗晒能力受遗传、体质等多方面因素的影响。皮肤抗紫外线的能力是有限的，长时间暴晒，轻则肤色变黑，出现日晒斑，重则皮肤红肿、起疱、脱皮，发生晒伤。经常日晒会使皮肤变得粗糙、起皱，过早衰老。

人体不同部位的皮肤，黑色素分布的量也不一样，以面部、腋部、腹股沟等处较多。此外，皮肤的颜色还会随季节、体温、运动、情绪及一般身体健康状况而变化。一般来说，夏季皮肤中黑色素较多，肤色较深；而冬季黑色素相对少一些，肤色较浅。

2. 真皮

真皮位于表皮之下，与表皮呈波浪状相连，是皮肤中含水量最多的一层。

真皮可分为上下两层，上层为乳头层，下层为网状层。

真皮由大量纤维结缔组织、细胞和基质构成，并含有丰富的血管、淋巴管、神经、腺体（皮脂腺、汗腺）、立毛肌等。当皮肤划伤，深及真皮时，不仅会疼痛、出血，而且伤口愈合后会留下疤痕（因为修复过程中纤维组织大量增生）。

（1）纤维结缔组织

真皮中的纤维结缔组织有三种：胶原纤维、弹力纤维、网状纤维。胶原纤维的主要成分是胶原蛋白，具有一定的伸缩性，起抗牵拉的作用，使皮肤具有良好的柔韧性。弹力纤维的主要成分是弹性蛋白，它的弹性很大，牵拉后可伸长到原来的一倍多，并使牵拉后的胶原纤维恢复原状，使皮肤具有良好的弹性。网状纤维属于未成熟的胶原纤维，主要存在于腺体、血管和神经周围。这三种纤维使皮肤具有良好的柔韧性和弹性。如果真皮中的这三种纤维减少，则真皮的致密度、弹性减弱，表现为表皮的舒展性和平整性减弱，皮肤就会出现皱纹。

（2）细胞

真皮的细胞主要有两种：成纤维细胞和组织细胞。成纤维细胞能产生真皮的纤维结缔组织和基质。

（3）基质

基质是粘的胶状物，填充在纤维结缔组织和细胞之间，为细胞提供营养。它的主要成分是粘多糖，还有一些蛋白质、盐分和大量的水分。

真皮的含水量占全部皮肤组织的60%；若低于60%，皮肤就会出现干燥、起皱纹等缺水现象。

3. 皮下组织

皮下组织内含有丰富的小动脉、小静脉、淋巴管、神经网等，是皮肤中最厚的一层。它由大量的脂肪细胞和疏松结缔组织构成，又称皮下脂肪层。

这一层脂肪的厚薄对人的体型有很大影响。脂肪堆积过厚，看上去会显得臃肿；脂肪过少，则会使人显得瘦弱，缺乏线条美。女性的胸部、臀部皮下脂肪较多，使身体呈现特有的优美圆滑的曲线。皮下脂肪层的厚薄可通过适当的体育锻炼进行调节，以保持健美的体形。

二、皮肤的生理功能

1. 保护功能

（1）防御机械性刺激

皮肤能阻止机械性、摩擦性、极压性刺激，保护身体内部的组织器官不受侵害。

（2）防御物理性刺激

皮脂膜能使组织保持适当的水分和润泽度。角蛋白和黑色素保护机体免受日光损伤。

（3）防御化学性刺激

角质层能阻止部分化学物质渗入，缓解轻度酸、碱化学物品对皮肤的刺激。

（4）防御微生物侵袭

皮脂膜呈弱酸性，具有杀菌作用。

2. 感觉功能

皮肤内有感觉神经及运动神经，感受体内外各种刺激，并引起相应的神经反射，保护机体的健康。

3. 分泌与排泄功能

汗腺分泌汗液，排泄体内的代谢废物。皮脂腺分泌皮脂，在体表与汗液、体表水分结合后形成一层皮脂膜。

4. 呼吸功能

皮肤有直接从空气中吸收氧气，释放二氧化碳的功能。其吸氧量约为肺部吸氧量的 $0.5\%\sim1\%$，其排放的二氧化碳量约占肺部呼出量的 $1\%\sim2\%$。

5. 吸收功能

皮肤具有一定的吸收外界物质的能力，主要途径之一是渗透入角质层，再经表皮各层到达真皮而被吸收。途径之一是通过毛囊、皮脂腺和汗腺导管而被吸收。

6. 代谢功能

皮肤表皮有着细胞分裂、更新代谢的作用。更新代谢的旺盛时期是晚上十点左右到深夜两点之间。

7. 调节体温作用

正常的人体温度维持在 36.8℃～37.2℃，主要是依靠皮肤的调节作用。遇热时皮肤能够扩张血管，使其出汗散热；遇冷时则收缩血管，防止体温逸散。

8. 自稳作用

自稳作用是指皮肤保持自身正常生理状态稳定的能力，另外还表现为创伤的修复。

第二节　皮肤的护理

一、中性皮肤的护理

1. 中性皮肤的特征

中性皮肤是健康理想的皮肤，多见于青春期的少女，皮肤厚薄适中，皮脂的分泌量适中，皮肤既不油腻，也不干燥，有光泽度及透明度，红润细腻，富有弹性，毛孔较小，对外界刺激不敏感。pH 值为 5.0～5.6。

2. 中性皮肤的护理方法

中性皮肤的护理，要注意的是随着气候、环境的变化恰当地选择护肤品。通常在夏季应选择乳液型护肤霜，以保证皮肤的清爽光洁；秋冬季节可选用油性稍大的膏剂，来防止皮肤的干燥粗糙。

当然，保持皮肤的清洁也是很重要的一点。中性皮肤可选用碱性小的洁面乳清洁面部，睡前可用营养乳液润泽皮肤，使皮肤保持光滑柔软；也可使用营养性化妆水，以使皮肤保持不松不紧的状态。

清晨洁面后，略施收敛性化妆水以收紧皮肤，再敷以适量的营养霜即可。每周可做一次熏面及营养面膜，以促进血液循环，加速细胞代谢。

二、干性皮肤的护理

1. 干性皮肤的特征

干性皮肤白皙，毛孔细小而不明显，皮脂分泌量少，皮肤比较干燥，容易生细小皱纹，毛细血管表浅，易破裂，对外界刺激比较敏感。干性皮肤可分为缺水性和缺油性两种。缺水性干性皮肤多见于35岁以上及老年人，而缺油性干性皮肤多见于年轻人。

干性皮肤最易出现衰老现象。这是由于皮脂腺分泌量逐渐减少，造成皮肤干燥，一般洁面后有紧绷感，如果长期不加以护理，容易产生皱纹。干性皮肤一般不易长痤疮，对外界刺激较敏感。pH值为4.5~5.6。

2. 干性皮肤的分类

干性皮肤又可分为以下两类：

（1）缺乏油脂的干性皮肤

主要由于皮脂腺分泌功能失调，无法产生皮脂所致。皮肤可能会出现部分油腻、部分干燥的状况。如见于年轻人，则一般是表层缺水，多由于错误地使用化妆品而造成；如见于35岁以上的人群，多是因为年龄的原因，是正常的干衰现象。

（2）缺乏水分的干性皮肤

由于皮肤水分不足，虽然有足够的油脂却仍然干燥，易引起皮屑剥落，产生微细线条及皱纹。通常皮肤较薄，看起来可能很细嫩，摸起来却会感到粗糙。一般为错误地使用化妆品（如碱性强的或收敛性强的洗面奶），饮食、作息不健康，长期熬夜，使得皮脂腺分泌减少。此种皮肤如护理得不好，会过早衰老。

3. 干性皮肤的护理方法

干性皮肤的护理，最重要的是补充水分，要有充足的饮水，同时多吃水果，并适当地使用保湿护肤产品，不使用含有酒精的化妆水。

可使用深层补水面膜，每次20~30分钟。

要注意饮食，多食用维生素、脂肪含量高的食物，如水果、牛奶、香菇、鱼类等。

三、油性皮肤的护理

1. 油性皮肤的特征

油性皮肤肤色较深，毛孔粗大，皮脂分泌量大，皮肤油腻光亮，不容易起皱纹，对外界刺激不敏感；但由于皮脂分泌过多，容易生粉刺、痤疮。常见于青春期的年轻人。油性皮肤的衰老速度较缓慢。pH值为 5.6~6.6。

2. 油性皮肤的分类

（1）封闭性油性皮肤

皮肤缺氧，有污垢，倾向于暗疮性皮肤。

其特征包括：

①皮脂腺过度活跃，油脂分泌过剩；

②皮脂分泌呈蜡状，失去自动杀菌功能；

③毛囊闭塞，导致粉刺、黑头的形成；

④分泌物滞留在毛孔内，引致细菌繁殖的可能性；

⑤皮肤表面严重欠缺润滑的脂质表层，变硬变厚。

（2）开放性油性皮肤

油腻的皮肤，表现为油光满面。

其特征包括：

①皮脂分泌呈液态，油脂渗透至皮肤表面；

②皮肤发亮、油腻，特别是在面部某些部位；

③汗液分泌过多；

④皮脂结构发生改变；

⑤是由身体内部引起的，如内分泌、消化系统等。

3. 油性皮肤的护理方法

油性皮肤的护理，最重要的是清洁。

要点：勿过度清洁，以避免间接的皮脂溢出；注意调节面部的pH值，收敛过量的油脂分泌。

护理方法：

①清洁皮肤；

②软化角质层,抑制细菌;
③修复皮肤表面的皮脂膜;
④收缩毛孔;
⑤保持水油平衡。

四、混合性皮肤的护理

1. 混合性皮肤的特征

混合性皮肤兼有油性皮肤和干性皮肤的特征。在面部T形区(前额、鼻、口周、下巴)呈油性状态,眼部及两颊呈干性状态。其T形区的纹路看不清楚,有油光,眼部及两颊处的纹路较明显,鼻周及下巴有颗粒状阻塞物。

23~35岁的女性中,70%~80%属于此类皮肤。

2. 混合性皮肤的护理

混合性皮肤是指在同一人的面部,共同存在着两种不同的皮肤。对于这种皮肤的护理,应在使用同一系列护肤品的基础上,有针对性地区别对待,进行分区护理。

五、敏感性皮肤的护理

1. 敏感性皮肤的特征

严格地讲,敏感性皮肤不是一种皮肤类型,而是一种皮肤状况。有些皮肤不论是油性皮肤、干性皮肤还是混合性皮肤,都有可能产生过敏现象。敏感性皮肤对外界刺激很敏感,当受到外界刺激时,会出现局部红肿、刺痒等症状。

2. 敏感性皮肤的护理

在选择护肤品时,绝对不能选择含酒精、香料、色素等刺激成分的产品。

应选择专门为敏感性皮肤设计的洁面产品。清洁能力强,但低刺激的温和的洁面产品最适合。

清洁皮肤的时候要轻柔,力度要小,清洁时间不宜过长,最后用温水冲洗干净。注意:有红血丝的皮肤不要用过热或过冷的水清洁。

护肤产品应选择中性温和、稳定性强的,以增强皮肤的抵抗力。

六、化妆前与卸妆后的皮肤护理

1. 化妆前的皮肤护理

（1）清洁面部

使用适合自己的洁面产品对面部进行清洁。

（2）使用化妆水

平衡面部的酸碱度，补充皮肤水分和营养。

（3）润肤

使用润肤产品，使面部彻底滋润。

（4）妆前隔离

涂抹妆前乳液或隔离霜，起到一层保护膜的作用。

2. 卸妆后的皮肤护理

（1）眼部卸妆

使用专业的眼部卸妆产品，对眼影、眼线、睫毛膏等予以卸除。

（2）面部卸妆

使用卸妆油对脸部的化妆品进行溶解、卸除。

（3）全面深层清洁

使用深层洁面用品把脸上的残余化妆品彻底清洗干净。

（4）皮肤保养

使用化妆水平衡皮肤，收缩毛孔，补充水分与营养；眼霜与润肤霜能使皮肤得到全面滋润，保持健康。

七、每周的皮肤护理

1. 去角质、死皮

用角质凝胶或磨砂膏之类的去角质产品对面部进行深层清洁。

2. 面部按摩

使用按摩膏均匀涂抹面部后进行按摩，促进面部的血液循环和新陈代谢。

3. 敷面膜

敷面膜能使化妆引起的皮肤问题得到较好的解决，补充水分，吸收营养，使皮肤状况得到有效改善。

第六章 面部轮廓与五官

第一节 头部骨骼结构

一、骨骼的生理结构

头部的形体结构是非常复杂的,除了有五官的起伏、凹凸变化和头颅形状的变化之外,在五官结构和头颅结构中,人的种族、民族、性别、年龄及个体特征都有一定的反映。因为人的生理结构基本相同,了解人的一般性结构,对分析、理解头部立体空间的概念,理解头部造型的基本特征很有用处,可以在化妆中起到举一反三的作用。

二、头部骨骼结构

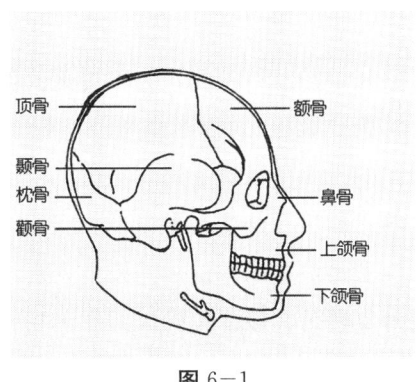

图 6-1

1. 脑颅

头部眉以上、耳以后的部分称为脑颅。

（1）顶骨

顶骨居于头部最高位，左右一对，前缘与额骨相接，左右与颞骨相接。

（2）枕骨

枕骨位于顶骨后下部。

（3）额骨

额骨位于头顶前部，近似于长方形，构成人颜面上方的大面，外表凹凸变化较多，与顶骨相接。其中包括颞线、额丘、眶上缘、眉弓、眉间、额沟。

眉间是指眉弓中间成渐凹的倒三角区。眉弓愈突起，眉间愈明显。

额结节与眉弓之间产生一条横沟，称为额沟。

（4）颞骨

在顶骨之下，额骨之后，左右一对。

颞骨后接枕骨（枕骨位置在头部后面，上接顶骨，下连颈）。颞骨与顶骨、蝶骨（很小，且走向内层）、额骨共同构成颞窝。颞窝是颞肌（咬肌）的附着部位，它为更发达的咀嚼肌的收缩提供足够的空间。

男女的额骨区别较大，男性的额骨较方，起伏明显，整块颧骨向后倾斜度大；女性的额骨圆而饱满，角度平直。

2. 面颅

头部眉以下、耳以前的部位称为面颅。

（1）颧骨

颧骨成对，位于面颊中部左右两侧，为不规则的菱形骨。骨体中间微微隆起，十分粗糙，称为"颧丘"，也叫颧结节。骨体的上下左右分为四支，上支较长，在眼眶的外下角与额骨的"颧突"相接，构成眶外缘；内支构成眶下缘，与上颌骨相接；外支与颞骨的颧突构成"颧弓"，呈拱形条状隆起，从脸的正面看是最宽的部位。其棱角分明，是面部明显的结构特征。下支很小，内外支转折交接部位构成面部正侧面的区分点。

(2) 鼻骨

鼻骨在额骨下缘，左右两个上颌骨额突的中间，左右各一，构成鼻梁硬部，下接鼻软骨。近鼻根底的硬骨的高低因人种不同而差异很大，一般男子的鼻骨比女子的略高些。小孩没有长成时，这块骨骼低而不明显外凸。

(3) 上颌骨

上颌骨在面部中央，与下颌骨共同构成口周围的半圆形，中央区与鼻骨相接，部分上升与额骨的眉间三角区相接，外侧与颧骨相连。在眼眶下方的上颌骨有一凹窝，称为"犬齿窝"。颧骨高的人此窝深，老年人、瘦削的人、病人的犬齿窝往往显于外表。犬齿窝内侧下方是"犬齿隆起"。同样，老年人、瘦削的人、病人的犬齿隆起往往显于外表。

(4) 下颌骨

下颌骨在整个头骨中是唯一分离的骨骼，位于面部前下方，近似马蹄形。

下颌骨分为下颌体和下颌枝。下颌体的牙床与上颌骨共同构成口部半圆形，前下方有一三角形突起，称为"颏隆突"。颏隆突下面的两端称"颏丘"，也称颏结节。下颌体与下颌枝的转折交接部位形成的角度称"下颌角"，其角度大小随着年龄的增长而变化，也和脸型有关。下颌枝上端有前后两支，前支为喙突，后支为关节小头。

三、骨骼与化妆的关系

1. 修饰与塑造形象的生理依据

骨骼是人面部结构美的基本构架，面部骨骼的凹凸起伏形成了面部丰富的立体变化。这些骨骼被肌肉和皮肤覆盖，在光照下形成面部阴影和亮部，形成了立体结构。化妆必须遵循面部骨骼的真实生理结构，并以此为基础，进行真实可信的结构调整，对面部进行矫形或者形象塑造。

①依据骨骼的凹凸原理，通过不同深浅的底色塑造完美的立体结构。在化妆中表现结构的凹凸层次（脸部立体感）时，要特别注意层次强弱起伏的刻画，才能塑造一张生动立体的脸庞。

②根据骨骼的结构，运用绘画的手段，主要通过素描原理对面部不够

理想的部位进行矫正。如修饰肿胀的眼睛时，在眼皮上运用一些相对较深的颜色做处理，并提亮眶上缘、眼下方及其周围凸出的骨骼，使眼睛在视觉上有后退的效果。通过基本结构的调整，加上五官的修饰，有些难题就迎刃而解了。

2. 塑造形象特征的依据

如果说绘画是在纸上进行创作，那么化妆就是在脸上进行绘画。不同的是，前者是从无到有，而后者是在一定基础上进行矫正与创作。这个基础就是面部的骨骼与肌肉、皮肤所构成的立体感。

骨骼结构影响着人的种族特征、民族特征、性别特征、年龄特征及个体特征等，这在骨骼结构中都有所反映。例如，人从出生到衰老，面部骨骼的变化大致可分为三个阶段：儿童阶段、青年阶段和老年阶段。在塑造形象时，无论是把青年改变成少年，还是把青年改变成老年，首先依据的是面部骨骼在不同年龄阶段的形态呈现。

我们在塑造这些不同的人物特征时，都应以骨骼的凹凸原理为出发点，找到造型的依据。

第二节 标准面部比例与常见脸型

一、标准面部比例

标准面部比例，以身体来说，就是头部的大小与身高的平衡度；以脸部来说，就是指眼部、鼻子、唇部等对全脸的平衡度。

理想的脸型会因性别、种族及时代的不同，而有不同的审美标准。五官有什么具体的标准与尺度呢？研究脸部美学的人根据以往对脸部的研究划分了黄金分割线，也就是脸部的黄金比例"三庭五眼"。人的五官不管长得怎么样，只要在这一比例范围内，就能在视觉上产生一种愉悦的平衡感，一般就会感觉较美。

1. 五官的标准比例

五官的标准比例即"三庭五眼"。所谓"三庭",即从人的发际线到眉弓骨、从眉弓骨到鼻尖、从鼻尖到下巴的三个距离正好相等,各占三分之一。

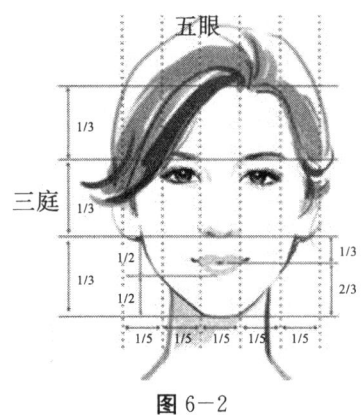

图 6-2

"五眼"即正常人的两只眼睛之间的距离正好是一只眼睛的宽度,外眼角到发际线又是一只眼的距离。如果两眼之间的距离小于一只眼睛的宽度,会给人紧张、阴沉的感觉;大于一只眼睛的距离,则会给人缺少心机的感觉。

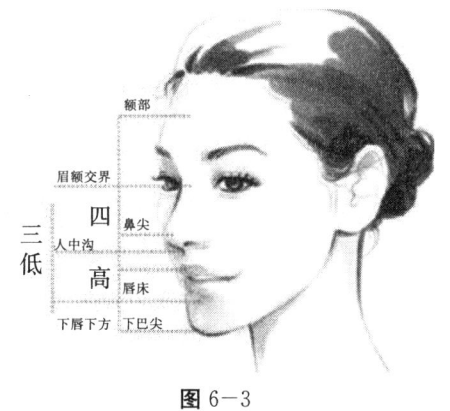

图 6-3

2. 标准的五官位置

(1) 眉毛的位置

在额头发际线至鼻底的分界线上。

(2) 鼻子的位置

在脸部的正中部位及中庭位置。

(3) 唇的位置

在下庭的中央部位，下唇底线在鼻底至下颚底线的二等分平分线处。

(4) 眼的位置

在额头发际线和嘴角水平线连接线的二分之一处。

眼宽：双眼之间的距离等于一只眼睛的宽度。

鼻宽：等于一只眼睛的宽度。

唇宽：在瞳孔内侧的下垂线稍内侧。

眉长：眉头在眼头正上方；眉尾在鼻翼与眼尾相连的延长线上。

3. 侧面的轮廓

标准的侧面轮廓：鼻尖、上唇和下巴均在同一条延长线上。

二、常见脸型

1. 椭圆形脸（标准）

特征：整个脸部宽度适中，从额部、面颊到下巴线条修长秀气，脸型如倒置的鹅蛋。如图6-4所示。

椭圆形脸被视为最理想的脸型，也是化妆师用来矫正其他脸型的依据。

2. 圆形脸

特征：从正面看，脸短颊圆，额骨结构不明显，外轮廓从整体上看似圆形。如图6-5所示。

圆形脸给人以可爱、明朗、活泼和平易近人的印象，看上去会比实际年龄小。但不足之处是显得稚气，缺乏成熟的魅力。

3. 方形脸

特征：方形脸的宽度和长度相近，下颚突出、方正。方形脸与圆形脸的不同之处在于，方形脸下颚宽，线条平直、有力。如图6-6所示。

方形脸给人以坚毅、刚强、堂堂正正的印象。理智、充满活力，但对于女性而言，缺乏妩媚和温柔。

4. 三角形脸

特征：额头窄，两腮宽，整体脸型成梨形。如图6-7所示。

这种脸型给人以安定感，显得富态、稳重、威严。一般见于偏胖或年龄偏大的人。

5. 菱形脸

特征：面部一般较为清瘦，颧骨突出，尖下颚，额头发际线较窄。如图6-8所示。

面部较有立体感。菱形脸的人显得机敏、理智，但易给人以冷漠、清高和气势汹汹的印象。

6. 倒三角形脸

特征：额头宽阔，下颚线呈瘦削状，下巴又窄又尖，发际线大都呈水平状。如图6-9所示。

这种脸型给人以天真、纯洁及秀气的印象，不足之处是显得不够庄重。

7. 长（方）形脸

特征：脸型偏长，腮宽，骨架结实。如图6-10所示。

这种脸型给人文静、庄重、老成持重的印象，但同时也会给人缺乏细腻、温柔等印象。

8. 国字脸

特征：介于长形脸和方形脸之间，常见于男性。如图6-11所示。

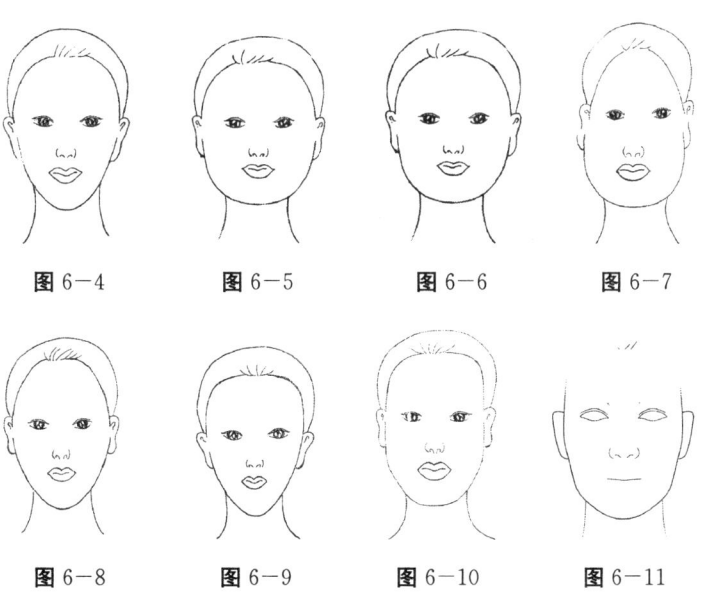

图6-4　　　图6-5　　　图6-6　　　图6-7

图6-8　　　图6-9　　　图6-10　　　图6-11

第七章 底妆技巧

第一节 面部清洁

洗脸是每天必须做的一件事,也是最基础的护肤步骤。正确的洗脸方法和步骤,能帮助接下来的护肤工作获得更好的效果。但是,绝大多数人以为洗脸是件简单的事情,大家都会,这个环节也经常被忽视,而这个被忽视的环节恰恰是护肤中最重要的第一环。

一、面部清洁的分类

面部清洁分为表层清洁和深层清洁两类。

表层清洁可分为卸妆和表层清洁两个步骤。

深层清洁也称脱屑、去角质或去死皮。随着皮肤的不断自我更新,最外层的细胞会不断地死亡、脱落,由新生的细胞来补充。在某些因素的影响下,皮肤的新陈代谢功能减退,死细胞的脱落过程缓慢,在皮肤表面堆积过厚,皮肤就会显得粗糙、发黄、无光泽,甚至出现粉刺,既影响人的外表,也妨碍皮肤正常生理功能的发挥。

二、面部清洁的具体步骤

(1) 洗手

先用洗手液将手清洗干净。不干净的手不仅会影响洁面产品的起泡程度，而且会使清洁力度下降，所以将手清洗干净是基本条件。

（2）卸妆

①眼部、眉部的卸妆。

A. 将棉片对折成双层，浸湿后贴于下眼线处，然后闭上眼睛。

B. 左手固定棉片，右手持蘸有卸妆油的棉签，从睫毛根部顺着睫毛生长方向对睫毛进行清洗，清除沾在眼睫毛上的睫毛油（膏）。

C. 用棉签蘸取卸妆油，从内眼角向外眼角涂抹，清洗上眼线。

D. 拿走沾有污物的棉片，睁开双眼。

E. 一只手将下眼皮略向下拉，更换棉签，从内眼角向外眼角滚动涂抹，清洗下眼线。

F. 两手用蘸有卸妆油的清洁棉片由中间向两边涂抹，清洁两侧眼部。用同样的方法清洁两侧眉毛。

②唇部的卸妆。

一只手轻轻固定一侧嘴角，另一只手用清洁棉片蘸取少量卸妆水（洗面奶或清洁霜），从固定住一侧的嘴角抹向另一侧，分别清除上下唇的唇膏。

③脸部的卸妆。

A. 清除双颊腮红。双手各持一片涂有卸妆水（洗面奶或清洁霜）的清洁棉片（纸巾），指尖朝向下颌方向，从双侧鼻唇沟轻轻抹向两侧脸颊，清除腮红。

B. 卸除粉底。可用蘸有卸妆液的棉片，分别按额头—鼻子—颊部—口周的顺序逐一卸除。可先擦拭一侧，然后再换另一侧。擦拭时必须按面部肌肉纹理及走向进行。可以将卸妆油或者清洁霜涂抹于面部，然后用手指在面部向上打小圈，待粉底充分溶解后再卸除。

卸妆的注意事项：

A. 卸妆要彻底。

B. 眼部皮肤较敏感，卸妆动作要轻柔。

C. 面部卸妆时，不能让洁肤品流入口、鼻、眼中。

（3）取洁面乳，充分起泡

无论用什么样的洁面产品，量都不宜过大。在向脸上涂抹之前，一定要先把洁面乳置于手心加水充分揉搓起泡。忘记这一步的人最多，而这也是最重要的一步。因为如果洁面乳不充分起泡，不但达不到清洁效果，还会残留在毛孔内，引发青春痘。泡沫当然是越多越好，可以借助于一些容易让洁面乳起泡的工具，如海绵。

（4）按摩

把泡沫涂在脸上后，要轻轻打圈按摩。不要太用力，以免产生皱纹。

重点区域：

T形部位：这是皮脂分泌最密集的地方，也是脸部最油腻的地方，要认真清洗。

眼部四周：缺乏油性的皮脂，非常脆弱，容易干燥，一天清洗一次就足够了。

鼻翼两侧：容易堆积油脂，要认真清洗。

人中四周：藏污纳垢的地方，要反复揉搓。

下巴：油脂很多，应着重清洁。

（5）清洗洁面乳

用洁面乳按摩完后，就可以清洗了。有一些女性怕洗不干净，用毛巾用力地擦洗，这样做会因摩擦损伤皮肤，因此不建议使用。应该用湿润的毛巾轻轻在脸上按，反复几次后就能清除洁面乳，而且不伤害皮肤。

（6）用干净的毛巾轻轻地吸干脸部的水分

如果用特意准备的干净毛巾用力擦的话，反而会起到反作用。应轻轻地将毛巾按在脸上，将水分吸干。

第二节　基础底妆

民航服务工作是一种人与人近距离接触的特殊工作，优质的服务从旅客对民航服务人员的第一印象开始，因此，民航服务人员应有得体的妆容。而面部的瑕疵、油光等问题对面部妆容影响较大，此时一款完美的底妆能有效改善这些问题。

一、粉底的作用

1. 改善肤色

使面容增添青春、健康的色彩，同时遮盖面部不均匀的色素及瑕疵。

2. 保护皮肤

使用粉底后，化妆品不会直接接触皮肤。粉底还可以防止外界尘埃进入毛孔。

3. 调整皮肤性质，保养和滋润皮肤

增强皮肤对风霜雨雪的侵蚀及烈日暴晒的抵抗力，可以帮助油性皮肤减少分泌物。

4. 增强面部轮廓感

深色粉底可涂在脸部凹陷的地方，如鼻侧翼、眼窝等，明亮的粉底可涂在脸部凸出的部位，通过二者的明暗对比，增强面部的立体感。

二、打粉底的工具

粉底刷、海绵扑和手指三种手法单独使用或同时使用均可。

1. 粉底刷

用粉底刷蘸取少量粉底，多角度地涂抹、按压，不仅可以快速地将粉底涂抹在皮肤上，还能节省粉底。但是，若粉底蘸取太多或者使用不好，会出现粉底刷的痕迹。

2. 海绵扑

用海绵扑打液体粉底时，如果海绵扑的密度不大，吸水孔太大，会吸收大部分的粉底液，不仅会造成浪费，还不容易达到服帖的效果。海绵扑可以在使用粉底刷涂抹粉底之后进行按压的时候使用，这样会令粉底更服帖。

3. 手指

如果我们要求皮肤呈现自然、薄透的效果，这个时候就可以利用手指来打液体粉底。手指的温度容易使粉底贴合皮肤，而且也容易控制用量。只是手指面积太小，在衔接上有问题，而且上妆速度会稍慢一些。

手指打粉底的手法：点拍、按压、擦抹。

三、基础打底的顺序

清洁—爽肤、润肤—隔离—粉底—定妆。

四、打粉底的流程

面部上粉底需遵循由内而外、自上而下的原则。

具体部位：额头、鼻子、左右脸颊、唇周、下颌、眼周。

第三节　立体底妆

一、立体底妆的作用

①凸显轮廓分明的面部线条感。
②令五官变得更加精致、立体。
③遮瑕效果好，展示均匀细腻的肌肤。

二、面部轮廓线的区分

内轮廓：T形区、眼睛下方、下巴。
外轮廓：颧骨、下颌骨。

三、立体底妆的打法

1. 基本底色

选用与皮肤相同或相近的粉底，均匀地在脸上打一层粉底，也叫基本底色。打底的目的是调整肌肤的颜色，遮盖皮肤瑕疵，使皮肤显得细腻光洁。耳朵、脖子及露在衣服外的皮肤都要打上粉底。

2. 高光色

高光色是一种明亮色，它可以比基本色浅2~3号。

高光色涂抹的位置是脸部最需要突出或突起的部位，比如T形区、下巴、下眼睑等。

涂抹高光色，同样可用化妆刷或手指、海绵。

要注意的是，高光色一定要涂抹得薄一点，否则会造成厚重的感觉。

3. 阴影色

所谓阴影色就是比基本色深的阴影粉底。

阴影色涂抹在脸部需要缩小或凹陷的地方。对亚洲人来说，主要是腮部及两颊处。可用大号的化妆刷上阴影粉底，直接涂抹在皮肤上。

完美的阴影应该有一种自然、柔和、透明的感觉，并与基本底色融合在一起，看不出界线。

不同的脸型，涂抹阴影色的位置有所不同。

四、定妆

用定妆粉定妆。定妆粉即散粉，散粉是一种化妆品，专业名称是"定妆粉"，又名"蜜粉"。定妆粉一般都含有精细的滑石粉，有吸收面部多余油脂、减少面部油光的作用，可以全面调整肤色，令妆容更持久、柔滑细致，并可防止脱妆。

1. 定妆粉的种类

①亚光散粉。

②珠光散粉。

③粉饼。

④压缩散粉。也叫蜜粉饼，是把散粉压成饼状，功效和散粉一样。压缩散粉出门携带比较方便，更适合补妆用。

2. 定妆的顺序

眼周—鼻翼—嘴角—T形区—U形区—下颌。

完整的妆容如图7-1和图7-2所示（见彩插）。

第八章　眉形的修饰

第一节　眉毛的形态

一、眉毛的作用

位于眼睛上方的眉毛，在面部占有重要的位置，具有美容和表情作用，还可调整脸型，调整眉与眼之间的距离。

二、眉毛的生理结构

眉毛一般分为眉头、眉腰、眉峰、眉尾。

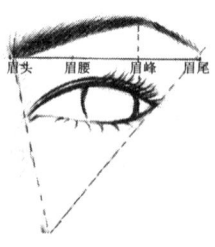

图 8-1　眉毛的结构

眉毛的自然生长方向：眉头部分呈扇形生长，眉腰部分斜向上方生长，眉峰部分斜上、斜下交错生长，眉尾部分斜向外下方生长。

三、常见眉形

标准眉：比例标准的眉形。

图 8-2

一字眉：眉头、眉腰、眉峰、眉尾基本在同一条水平线上。
给人平和、孩子气的感觉。

图 8-3

上扬眉：眉尾高于眉头。
给人精神、时尚的感觉，但是眉尾过高，会显得冷漠、严厉。

图 8-4

下挂眉：眉尾低于眉头。
给人犹豫、苦恼的感觉。

图 8-5

圆弧眉：从眉头到眉腰、眉腰到眉峰、眉峰到眉尾都呈圆弧状。
给人温柔、婉约、有女人味的感觉。

图 8-6

柳叶眉：和圆弧眉相似，但是整体眉形细而弯。
给人古典的感觉。

图 8-7

近心眉：两边眉头距离较近。
给人忧愁、紧张、焦虑的感觉。
远心眉：两边眉头距离较远。
给人无忧无虑、开朗的感觉。

第二节　眉毛的修饰

一、修眉的方法

使用的用具不同，修眉的方法也不同，一般分为拔除法、剔除法和修剪法。

先画出适合自己的眉形（形状不好的眉毛），再用修眉刀顺着眉毛方向修去多余的眉毛，用眉剪剪掉过长的眉毛。

二、眉毛的画法

①下笔从眉峰开始，向着眉尾方向一根一根地描画；
②再从眉头向眉峰方向描画；
③用遮盖笔遮盖多余的眉毛；
④加深眉峰处眉毛的颜色；
⑤用高光粉在眉峰处提亮；
⑥调整两边眉形，注意两边对称；
⑦用染眉膏从后向前把眉毛刷透，让眉毛显得立体而自然；
⑧用眉梳梳理眉毛，塑造漂亮的眉形。

画眉毛的要领：前淡、峰浓、渐消失。

三、不同脸型适合的眉形

椭圆形脸：适合任何眉形，做到神采奕奕。

圆形脸：尽量避免使用圆润的线条，眉毛线条要直，眉峰上扬。适合上扬眉。

长形脸（长方形脸）：眉形避免高挑，可拉长眉尾，眉形稍粗。适合一字眉。

正方形脸：避免使用过于直、硬的线条，可选择圆弧眉。

三角形脸（梨形脸）：颚部较窄，可拉长眉尾来增加颚部的宽度。适合拉长了的上扬眉。

菱形脸：不适合有棱角的眉毛，眉形应平、长、细一些。适合柳叶眉。

倒三角形脸：与三角形脸相反，颚部较宽，眉尾不宜过长。适合缩短了的上扬眉。

对于民航服务人员来说，不赞成将眉毛修得过细，弯得太夸张。太纤细的眉毛会使职业女性看起来没有亲和力；而眉毛过于浓粗，也会给人不舒适感。

第八章 眉形的修饰

练习图：

练习页：

第九章 眼妆技巧

第一节 眼影晕染

一、眼影的作用

眼影的晕染可调整和加强凹凸结构,调整眼睛与眉毛之间的距离,修饰眼形,使眼睛显得妩媚动人。

二、眼影色的分类

1. 结构色

结构色指黑色、棕色、紫灰色等明度较低的冷色,一般用在需要显得窄小、凹陷的部位,如外眼角眼窝、肿胀的部位、双眼皮褶皱等。

2. 提亮色

提亮色指白色、米色、黄色、粉红色等明度较高的颜色,以及金银色等有光泽的色彩,一般用在需要显得突出、丰满的部位,如眼眶外缘、眼睑中部、双眼皮褶皱内等。

3. 装饰色

为了增加眼部色彩,柔和眼部线条,与整体造型色彩相呼应而使用的颜色称为装饰色。可以根据需要选择任何眼影色,但需要先确定眼部的主色调。

三、眼影的晕染方法

1. 平涂晕染法

平涂晕染法就是将单色眼影均匀地涂抹在眼睑上的化妆手法。该方法适用于眼部脂肪较多,上眼皮较肿的眼形。

采用平涂晕染法画眼影时,应由睫毛根部开始向上晕染。为了提升眼妆的层次感,让双眼更具神采,睫毛根部的眼影可描画得浓一些,色彩略深一些,然后逐渐向上减淡,直至眼影色消失在眼窝。

步骤:

①用蓝色眼影从上眼睑睫毛根部开始描画,并晕染至眼窝的位置,直至眼影色消失。要求眼影的色彩分布均匀,过渡自然。

②用干净的眼影刷将眼窝边缘的蓝色眼影晕染开。

③用蓝色眼影沿着下眼睑睫毛根部,自眼尾晕染至眼头。生活妆中,下眼影可画也可不画。

④用提亮色在下眼睑眼影的边缘线上反复晕染。注意过渡要自然。

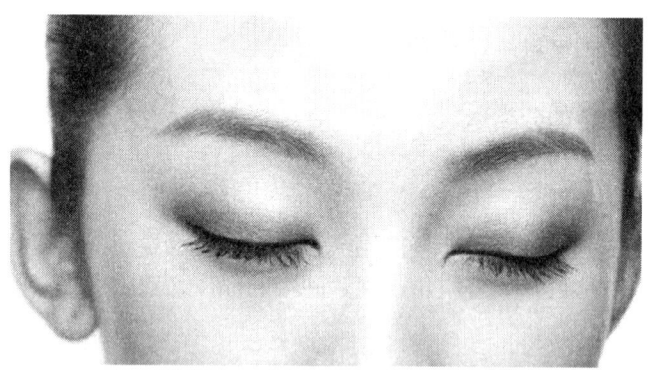

图 9-1

2. 渐层晕染法

用渐层晕染法画出的眼影层次过渡明显,在色彩的表达上也比较丰富。这种画法能够起到消除眼睛浮肿感,拉大眉眼间距的作用。

采用渐层晕染法画眼影时,应先选用浅色眼影,用平涂的手法平铺于整个上眼睑,使色彩均匀、自然。然后选用深色眼影,从睫毛根部开始以三等分的方式描画，即将自眼窝开始的部分三等分，最接近眼线处的眼影色最深，向上颜色逐渐减淡。注意各等分处色彩之间不能有明显的分界线，色彩过渡要自然。如果在描画眼影的过程中需要加深眼影色，同样要用三等分的方式描画眼影，各等分处眼影描画的面积应逐渐缩小，色彩由浅到深。采用渐层晕染法画眼影时，眼影色不宜超过三种。

步骤：

①用眼影刷蘸取提亮色眼影，自上眼睑睫毛根部开始晕染至眼窝的位置，眼影色由深至浅，逐渐消失，色彩过渡要自然。

②用干净的眼影刷将眼窝边缘的眼影晕染开，与眉骨处的提亮色自然衔接。

③用眼影刷将装饰色眼影晕染至眼窝三分之二处消失，色彩要由深到浅，过渡自然。

④用眼影刷蘸取结构色眼影，自下眼睑睫毛根部开始，由眼尾晕染到眼头。

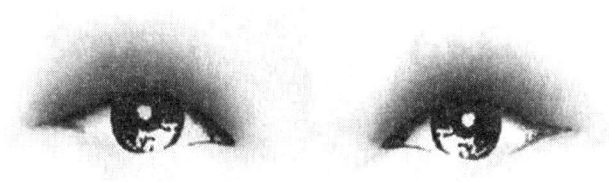

图 9-2　渐层法

3. 段式晕染法

段式晕染法又称左右法，可分为两段式和三段式两种。两段式眼影的画法是后段眼影的颜色较深，前段眼影的颜色较浅；三段式眼影的画法则是前后段眼影的颜色较深，中段眼影的颜色较浅。

步骤：

①选用提亮色眼影，运用渐层的手法，自上眼睑眼头涂抹至外眼角的二分之一处，从睫毛根部开始晕染至眼窝的位置逐渐消失。注意色彩过渡要自然。

②选用结构色眼影，同样运用渐层的手法，自上眼睑外眼角描画至眼头的二分之一处，从睫毛根部开始晕染至眼窝的位置逐渐消失。要求色彩过渡自然。

③用干净的刷子将提亮色眼影和结构色眼影衔接处的色彩晕染开，使之没有明显的分界线。

④用提亮色眼影从下眼睑眼头睫毛根部开始晕染至外眼角的二分之一处。

⑤用结构色眼影从下眼睑外眼角睫毛根部开始晕染至眼头的二分之一处。

⑥用干净的刷子将两种眼影衔接处的色彩晕染开。

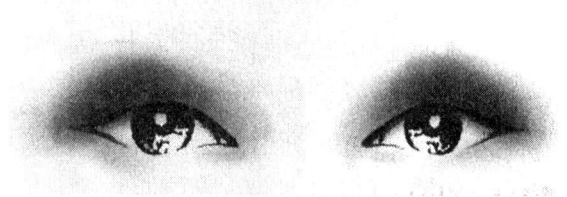

图9-3 段式法

第二节 眼线与睫毛膏

一、眼线的画法

1. 眼线的作用

①使眼睑清晰，突出眼睛轮廓。

②修正、改变眼形。

③表现人的气质，使眼睛妩媚动人。

2. 几种不同眼形的眼线画法

（1）单眼皮

重点描画下眼线，自外眼角开始向内眼角逐渐加宽，至二分之一处停止，眼线应该略微延伸至眼尾。

（2）浮肿眼

眼线应该画得略粗一些，上眼线自眼尾三分之二处开始向上扬。

（3）上扬眼

注意眼线不能够向上扬，应在眼尾处尽量拉平描画。

（4）下垂眼

上眼线的描画宜前细后粗，不到眼尾处即开始采用上扬画法；下眼线则宜前粗后细。

（5）内双

不适合画太粗的眼线，眼线画在睫毛根部，重点强调眼尾。

3. 睫毛线的画法

在画睫毛线时，一定要遵循睫毛的生长规律。

①先观察眼睛的形状，确定上眼睑睫毛线的高度（黑眼球），紧贴睫毛根部向内眼角延伸（越来越细），从黑眼球向外眼角延伸（比内眼角处略粗）。

②描画下眼睑睫毛线时，从后眼尾勾画至黑眼球下方，由粗到细。

二、睫毛膏的使用方法

1. 睫毛的相关知识

睫毛的生长规律：

上眼睑睫毛浓粗，下眼睑睫毛淡细；外眼角位置的睫毛浓密，内眼角位置的睫毛稀疏。

2. 睫毛膏的使用方法

①用睫毛夹按中央—内眼角—外眼角的顺序夹睫毛，然后将中间部分的睫毛再多夹一次，使这部分睫毛比其他部分的更翘。

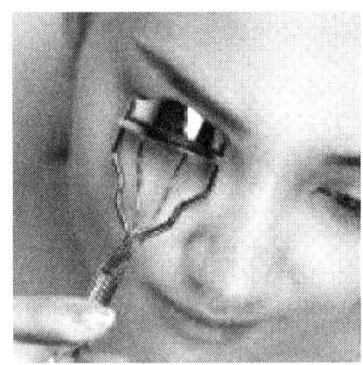

图 9-4

②使用透明的睫毛液打底,按中央—内眼角—外眼角的顺序,从睫毛根部到睫毛梢都要仔仔细细地刷上,不要有遗漏。

图 9-5

③竖着用睫毛刷按中央—内眼角—外眼角的顺序刷上睫毛膏,然后再用睫毛膏的前端加长中间部分的睫毛。

图 9-6

④用横着的睫毛刷给下眼睑睫毛刷上睫毛膏，要注意尽量刷开，增强立体感，并与上眼睑睫毛相对应，加长中间部分的睫毛，打造双向睫毛的效果。

图 9-7

第十章　腮红上妆技巧

如果说眼妆是脸部修饰的焦点，唇膏是化妆包里不可或缺的要件，那么，腮红就是修饰脸型、美化肤色的最佳工具。

一、腮红的作用

腮红的作用：
①表现健康的肤色、肤质，调整气色。
②修饰脸型，调整面部轮廓。

二、标准的腮红位置与打法

标准的腮红位置在颧骨上，笑时面颊隆起的部位。一般而言，腮红向上不可高于外眼角水平线，向下不得低于嘴角水平线，向内不超过眼睛的二分之一垂直线。

腮红上妆手法一定要轻，色彩要均匀、轻淡、柔和、薄透，腮红的边缘一定要有过渡。

针对不同脸型的不同打法：

长方形脸：横着扫，直至耳根位置，尽可能地把腮红范围拉大。
方形脸：斜着扫，突出苹果肌，柔和面部侧面线条。
圆形脸：竖着扫，尽量拉长腮红范围，使脸部线条显得修长。
三角形脸：斜着扫，腮红范围不宜过大。
菱形脸：低位横扫，避开颧骨位置。

三、不同色系腮红的作用

腮红的修饰工具主要有腮红刷和腮红（液状腮红、粉状腮红）。

粉色系：会使皮肤显得白嫩，使人显得温柔可爱、甜美可人。

橘色系：会使人显得年轻、健康。

棕色系：会使人显得成熟、有个性。

第十一章　唇部的修饰

一、唇部化妆的作用

唇部化妆是指运用唇膏、唇彩等化妆品对唇部进行修饰。其作用是完美唇形，凸显气色，以及与妆面色彩协调搭配。

二、标准唇形的判断

宽度应为眼睛平视正前方时黑眼球向下两条直线之间的距离。就唇的厚度而言，亚洲人的标准唇形是下唇比上唇略厚，而欧美人上下唇的比例则为1∶2。

在实际操作中，应该根据不同的脸型和五官，通过唇部化妆去调整唇形；要因人而异。

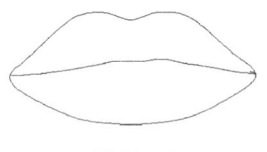

图11-1

三、唇妆的化法

①用唇线笔勾出唇部轮廓。先画出唇峰，由左向右，画出下唇中央底线，再连接上下唇线。

②涂上润唇膏，滋润唇部，抚平唇纹。

③用唇扫扫上唇膏，方法与画唇线相同。

④张口，在嘴角处连接上下唇线。

注意：①在唇部中央涂上唇彩，使唇部更立体。

②如果要修改唇形，上粉底后，用遮瑕膏修饰唇形后再定妆。先用唇笔勾出唇形，再涂上唇膏和唇彩。

四、不同唇形的修饰

1. 嘴角下垂

先用遮盖霜涂抹于双唇轮廓的周围，尤其是唇角的位置。然后用唇线笔勾画出轮廓线，改变原唇角轮廓线，将唇角描画成微微上翘的形状。最后在嘴角下垂的延伸线上用亮色修饰阴影，从视觉上减弱嘴角下垂的线条感。

在描画唇线时，唇峰应略微压低一些，上唇的唇角可略微上翘，下唇的宽度应超出上唇，以达到提升嘴角的效果。唇中部的唇膏颜色应该比唇角的略浅，要亮泽一些，这样有助于将人们的视线集中到唇中部。

2. 嘴唇偏大

先用遮盖霜涂抹于双唇，双唇边缘为重点，然后用蜜粉定妆。选用唇线笔沿唇形内侧描画出理想的唇部轮廓线，上下边缘和左右唇角的轮廓线都要向内收，使双唇变得薄一些、窄一点。最后选用深色唇膏涂抹双唇，使过大的双唇显得小一些。

3. 嘴唇偏小

用唇线笔画轮廓线时，可适当超出唇形描画唇线，上、下唇角的轮廓线可向外延伸，扩展一些，使双唇变宽变厚。唇角部分的唇线可略加宽，颜色略深一些。这种唇形宜选用浅色或具有明亮光泽的唇膏，让过小的双唇看起来丰满一些。

4. 上、下唇太薄

选用浅色唇线笔将双唇的轮廓向外扩展，上、下唇线均可超出原唇形。然后选择浅色或者带有荧光（珠光）效果的唇膏涂抹双唇。

注意：可在上、下唇中部添加一些较亮的唇彩，这样可使双唇显得更加立体、饱满。

5. 上、下唇太厚

选用比唇色稍深的颜色暗化双唇的轮廓线，并用蜜粉固定。用深色唇线笔沿着唇角勾画出理想的唇形，保证双唇本身的长度，以其内轮廓为基础勾画唇线。

注意：此种唇形宜选择偏冷的、略深的唇膏，避免使用有闪亮光泽的唇膏。

6. 上唇薄、下唇厚

上粉底后，用遮盖霜遮盖下唇过厚的位置后再定妆，然后用唇笔加宽上唇，修薄下唇，直至上、下唇平衡。

7. 没有唇峰

先选用遮盖霜掩盖原有的唇形，用蜜粉固定，然后用唇线笔勾画出理想的唇形。

勾画上唇线时，要描画出明显的唇峰，下唇宜画成船底型或圆润型，唇线的颜色要略深于所选用的唇膏的颜色。

第十二章 常见妆型

第一节 生活妆

一、生活妆的运用

生活妆，也叫作淡妆，淡妆适用于日常工作和生活，表现在自然光线下。淡妆是对面部进行适当的修饰，不露出明显的化妆痕迹。淡妆的用色浅淡柔和，色彩对比不强烈，是比较容易被接受的自然妆型。

二、妆型的表现手法

①手法简洁，适用于自然光线条件下。

②对轮廓、凹凸结构、五官等的修饰，变化不能太过夸张，以清新、自然，少人工雕琢的化妆痕迹为佳。在原有容貌的基础上，适当地修饰、调整，掩盖一些缺点，总体上使人感觉自然，与整体形象相和谐。

③用色简洁，在原有肤色的基础上，用淡雅、自然、柔和的色彩适当美化人们的面部。唇色可以适当采用较艳丽的色彩。

④化妆程序可根据需要灵活多变。

三、生活妆的化法

（1）洁肤

(2) 修眉

(3) 护肤（涂隔离霜或润肤乳）

(4) 打底

①选色：选择与自己肤色接近的粉底膏或粉底液均匀地涂抹在面部，使肤质细腻光滑，色泽自然。

②要求：底薄，质感好；注意面部与颈部颜色的统一。

(5) 定妆

①选色：与底色接近的散粉。

②要求：使用少量的散粉，以保持肤色清淡、透明的效果。

(6) 眼影

①选色：年龄偏小——颜色较丰富，较为明亮的色彩。

年龄偏大——有局限性，较为稳重、含蓄的色彩。

注意：浮肿眼/单眼皮者，比较适合偏中性或偏冷的颜色，勿使用红色系眼影，避免眼睛显得浮肿，影响妆容。

②要求：用色浅淡，深浅有序，过渡自然。

下眼影可根据需要描画。

(7) 眼线

①选色：黑色或者灰色、棕色。

②要求：上眼线画得纤细整齐，下眼线可以省略不画，或用同色眼影粉在下眼睑睫毛根部轻轻晕染，以强调眼睛的清澈、透明。

(8) 腮红

①选色：腮红选择中性偏暖的颜色，如浅棕红、浅粉红、浅橙红等。纯度较低、明度较高的颜色适合在淡妆中使用。

肤色偏白→浅粉红；

肤色偏黄→浅橙红；

肤色偏棕→浅棕红。

②要求：浅淡，不宜过重，表现健康红润的面色即可。

(9) 唇

①选色：唇色与妆色一致。

②要求：轮廓清晰，唇色自然。

年龄偏小者→唇彩即可，年龄偏大者→唇膏较为稳重（唇膏涂完后可用纸巾吸去嘴角、唇上的油脂，使唇色自然、帖服）。

（10）眉毛

①选色：棕色或灰色。

②要求：眉形要符合脸型。

（11）睫毛膏

①选色：黑色。

②要求：根据自身睫毛优缺点来选择睫毛膏的功能效果（长、短、少）。

第二节　职业妆

对于有志从事空乘职业的求职者而言，应该非常明确空乘职业者需要以怎样的形象出现。通常来说，看起来干净、利落、和善、有自信的人，是多数空乘主管们中意的类型。尤其是民航服务类职业，更注重妆容的修饰。每一场面试，都需要精心准备，清新、淡雅、精神饱满的妆容会为求职者加分不少。

一、职业妆的打造

紫色、浅橘色很适合职业妆，亲切、温暖而又不失可爱。这种柔和的颜色会给人一种舒适感，不会像深色系那样给人一种很强势和肃穆的感觉，比较适合服务类职业。选择紫色眼影时，要注意珠光感不能太强，浅紫色较适合，不要选择过于浓重艳丽的颜色。

咖啡色系的妆容给人沉稳、大气的感觉，也很安全，不会出错，适合任何肤色，特别是肤色偏深的人。

职业妆容色彩比较单一，所以要重点突出眼睛，让整个妆容有亮点。最好不要用眼线液来画眼线，因为它不好掌握，容易出错。

画眼线的时候不要画直线，而是要曲折地将睫毛间的缝隙填满，这样就可以让双眼迅速明亮起来。

打造技巧：

①用刷子蘸取浅紫色或棕色的眼影，在上眼睑以平涂的方式涂刷。用小号刷子蘸取高光粉或者浅米色眼影涂在内眼角的位置，突出眼部的明亮程度。选择黑色的眼线笔勾画眼线，下眼影的位置也可以用紫色勾画，从外眼角过渡到内眼角。

②选择自然色的粉底液打底，再用珠光蜜粉定妆，呈现自然、清透，质感非常好的肌肤状态。

③用桃红色的腮红打在笑肌的位置，这样会令妆容更加柔和，给人以亲切感。

④选择橙色的唇彩，与暖色调的妆容相协调，晶莹亮泽的嘴唇会增添年轻的朝气。

二、成功的职业妆的要点

1. 肤色干净，不泛油光

春夏季节，皮肤常常会有出油问题。顶着满面油光去参加面试，令人尴尬，会给用人单位留下不佳的印象。此时，粉底液的选择就很重要，要注意选择控油持久、不泛油光的粉底液。要选择与肤色相近的自然色，不要选择偏白或偏暗的颜色（如小麦色）。珠光较强的粉底液也不要使用。还要注意耳朵、脖子及裸露在外的皮肤要与脸部的色调保持一致。

2. 线条立体，炯炯有神

为了塑造脸部的立体感，眼线、睫毛膏是不能忽略的重点。在眼窝处适当地画上自然色眼影，可带点淡淡的珠光色，就能创造明亮的神采，收到画龙点睛的效果。

单眼皮的女性尽量不要选择暖色的眼影，如橙色。

3. 色彩淡雅、自然

在面试时，既要展现年轻人的朝气与干练，也要显示出沉稳的专业素质。最好不要选用鲜艳或浓丽的色彩，浓墨重彩是大忌，清爽的粉色、橙色系列最适合。太过抢眼的红色、绿色、蓝色、黑色，尽量不要选择。柔和的色彩或者加一点珠光感的眼影都可以。

完整的职业妆容如图12-1、图12-2所示（见彩插）。

第三节 晚 妆

一、晚妆的概念

晚妆一般也称为宴会妆，是彩妆的一种。一般是为人们出席各种宴会所设计的妆容。由于夜晚光线柔和、幽暗，一般不容易看出明显的化妆痕迹，所以给妆容的塑造赋予了较大的发挥空间，对五官的描画可适当夸张、色彩浓艳。

二、晚妆的上妆方法

1. 底妆

可选择遮盖效果较好的粉底，采用立体打底的方式，既能够使五官显得精致，也能凸显完美肤质。

由于正式的晚宴上女性通常穿着晚礼服，所以裸露在礼服外的皮肤都需要涂抹粉底霜，以使整体肤色一致。

2. 眼妆

晚妆的眼影可画得丰富多彩，色彩搭配也可多种多样，眼影的层次可增多，颜色过渡柔和，表现眼部的立体结构。眼线要整齐，可略粗些，但要与眼睛相配（如眼影很淡，眼线就不宜画得太深），下眼线也可以描画。

常用眼影的搭配方式举例：深蓝＋砖红、浅蓝＋黑色、粉红＋紫色、酒红＋黑色。

为了增加高雅华贵的女性魅力，可以粘贴假睫毛。假睫毛要提前修整好，使其长度适中。过长的假睫毛会使妆面效果失真。在粘贴时要贴紧睫毛根部，最后重复刷睫毛膏，使真假睫毛融为一体。

3. 眉毛

眉毛形状略高挑且有流畅的弧度，眉色自然，不宜过黑。

4. 唇膏

唇形要求勾勒整齐，轮廓清晰，唇膏色与整体妆色协调。为了适应晚宴的环境及社交礼仪，涂唇膏后用纸吸去多余的油分，然后施一层薄粉，再涂一遍唇膏，这样既可保持色彩牢固持久，还可避免唇膏遗留在餐具上，影响形象。

第四节 舞台妆

舞台妆是在舞台上人造的环境中（布景、灯光、服装等）展现的。观众隔了一定距离直接观赏舞台表演，这就决定了舞台妆应加大人物形象的展现力度，突出演员的特征，否则远距离观看的观众就很难辨清演员。这就是舞台妆、舞台服饰比较夸张、闪亮的原因。

舞台妆主要分为话剧妆、戏曲妆、歌舞妆、主持人妆等。

1. 话剧妆

通过化妆技巧，赋予剧中人物性格、年龄、身份、职业以及人物的命运、遭遇等各种特征。

2. 戏曲妆

保留传统戏曲化妆形式，并适应现代艺术发展。

戏曲作为我国独有艺术种类，在化妆上也独具特色。如京剧脸谱，每个角色都有自己的一套画法，看来五颜六色，五花八门，其实自有一套章法，也就是说各有各的谱。每一种脸谱虽画法各异，但都是从人的五官部位、性格特征出发，以夸张、美化、变形、象征等手法来寓褒贬、分善恶，从而使人一目了然。

为了适应现代人的艺术欣赏需求，在戏剧化妆上也相应做了一些改良，如有的戏去了髯口，把大粉改成小粉，等等。

3. 歌舞妆

歌舞根据节目的内容不同而不同，化妆形式也各异。芭蕾等舞剧妆面较夸张，装饰性色彩多。传统芭蕾妆会在内眼角点一个红点。

4. 主持人妆

男妆生活化，女妆装饰性强。根据服装不同，化妆方法也略有不同。戏剧浓妆，生活淡妆。

妆容重点：注重面部立体感的刻画，整体上根据人物角色的不同确定妆容的浓淡程度和风格。

第十三章　民航服务人员发型设计

第一节　头发的生理特征

一、概述

头发是指生长在头顶和后脑勺部位的毛发。头发的主要作用是保护头脑。夏天可防烈日，冬天可御寒冷。细软蓬松的头发具有弹性，可以抵挡较轻的碰撞，还有助于头部汗液的蒸发。而当今社会，发型和发色的变化也起到了美化形象的作用。

一般人的头发有10万根左右。在所有毛发中，头发的长度最长，尤其是女子留长发者，有的可长到90~100厘米，甚至长达200厘米。

头发的颜色及其他特征是由基因决定的，常见的有黑色、金黄色、棕色及红色等。当人类老化时，头发通常会变成银白色。

不同种族，头发的硬度、自然卷曲度不同。

在正常情况下，头发每日生长约0.3毫米，三天长1毫米左右，一年大概长13.8厘米。阳光照射能加速头发生长。头发的寿命一般为2~4年，最长的可达6年。假如连续50年不理发的话，可长至6米以上。

在世界上，由于种族和地区不同，有乌黑、金黄、红褐、红棕、淡黄、灰白，甚至绿色的头发。还可以通过染发将头发染成多种多样的颜色。科学研究表明：头发的颜色与头发中所含的金属元素有关。黑发含有等量的铜、铁和黑色素，当镍的含量增多时，就会变成灰白色。金黄色头发含有钛，红褐色头发含有钼，红棕色头发除含有铜、铁之外，还含有钴，绿色头发则含有过多的铜。在非洲一些国家，有些孩子的头发呈红色，这是严重缺乏蛋白质造成的。

黄种人和黑种人的头发绝大多数为黑色，而白种人则有较多种颜色。头发之所以会有不同的颜色，是因为头发中黑素颗粒的数量不同。黑素颗粒数量多、密度大，头发则呈黑色；反之，头发颜色则浅淡，在日光下就会呈现不同的色泽。

头发并非与表皮呈垂直生长，倾斜角度一般为 $40°50′$，且不同部位的头发倾斜方向也不一致，即形成人们所说的"头漩"。

如果头发大量脱落，就是一种病态，而且大多发生在患有全身性疾病的情况下，如急性传染病（伤寒、猩红热等）或慢性病（如结核病、贫血、糖尿病和内分泌紊乱），以及局部皮肤发生病变（如斑秃、脂溢性皮炎等）。这些都有可能引起脱发。

二、头发的结构和形状

1. 头发的结构

头发从下向上可分为毛乳头、毛囊、毛根和毛干四个部分。头发的生理特征和机能主要取决于头皮表皮以下的毛乳头、毛囊和皮脂腺等。

毛乳头是毛囊的最下端，连有毛细血管和神经末梢。在毛囊底部，表皮细胞不断分化。这些表皮细胞分化的途径不同，形成毛发不同的组分（如皮质、表皮和髓质等），最外层细胞形成内毛根鞘。在这一阶段，细胞是软的和未角质化的。

毛囊是包围在毛发根部的囊状组织，内层是上皮组织性毛囊，外层是结缔组织性毛囊；内层与表皮相连，外层则与真皮相连。

毛囊是令毛发生长的皮肤细胞。一般来说，人不能生长出新毛囊，所有的毛囊与人一起出生，并伴随人的一生，毛囊死亡后是不能再生的。

毛囊由毛杆、毛凸、毛球、毛乳头、毛基质等部分组成。神经纤维末梢使毛囊具有感觉的功能，动脉和静脉毛细血管丛给毛囊提供血液。毛囊的最深处是位于角质层 3~7 毫米的毛乳头，它含有神经和血管，向毛杆提供养分。

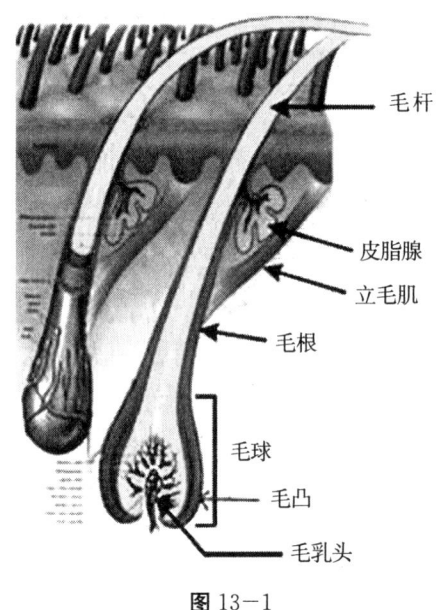

图 13-1

皮脂腺的功能是分泌皮脂，皮脂经皮脂管挤出，当头发通过皮脂管时，带走由皮脂管挤出的皮脂。皮脂为毛发提供天然的保护，赋予头发光泽和防水性能。

立毛肌是与表皮相连的很小的肌肉器官，它取决于外界生理学的环境。立毛肌能够舒展或收缩。温度下降或肾上腺激素的作用，可把毛囊拉升至较高的位置，使毛发竖起。

每根头发均由表皮鳞片层、皮质层和髓质层组成。

表皮鳞片层为头发的最外层，通常由 2~4 层鳞片组成。

表皮层通常是半透明或无色的，所以它可以让自然发色透出。

皮质层占头发的 80%，自然色素沉积于此，自然发色就是因其而呈现的。

髓质层位于头发的中心，由许多小气泡组成。

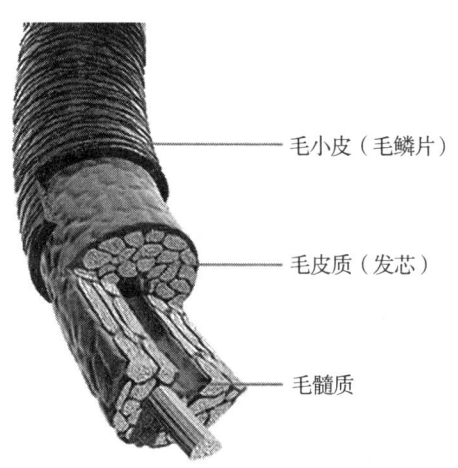

图 13-2

2. 头发的形状

头发可分为直发、波浪卷曲发和天然卷曲发三种。当然，这种分类仅就一般情况而言。直发的横切面是圆形，波浪卷曲发的横切面是椭圆形，天然卷曲发的横切面是扁形。

头发的粗细与头发属于直发或卷发无关。毛发细胞的排列方式受遗传基因的控制，它决定了毛发的曲直、形态。毛发的卷曲，一般认为是与毛发细胞的角化过程有关。卷曲的毛发，毛发细胞在毛囊中往往处于偏心的位置，也就是说，根鞘在它的一侧厚，而在它的另一侧薄。靠近薄根鞘的这一面，毛小皮和毛皮质细胞角化开始得早；靠近厚根鞘的一面，角化开始得晚，角化过程有碍于毛发的生长。于是，角化早的这一半稍短于另一半，结果造成毛发向角化早的一侧卷曲。

第二节　头发的健康状况及其识别和养护

一、中性健康的发质

特性：不油腻，不干燥，柔软顺滑，容易梳理。头发自然润泽，亮丽柔美，只有少量头皮屑。如果没有经过烫发或染发，保持原来的发型，总能风姿长存。

机理：有良好的血液循环，经正常滋润而形成一层酸性保护膜，油脂分泌也正常。

护理：选用温和而含水量大的产品来保护现有的发质。

建议：每周洗发 3~5 次。

二、干性发质

特性：干性发质是由于皮脂分泌不足或头发角蛋白缺乏水分，造成头发干枯，无光泽，易打结，头皮干燥，容易产生头皮屑。特别是在浸湿的情况下难以梳理。通常头发根部较稠密，但至发梢则变得稀薄，有时发梢还分叉。头发僵硬，弹性较低，其弹性伸展长度往往小于 25%。

机理：缺乏油脂分泌，受外界影响，如过量使用美发器具，不当的烫发和染色，导致角蛋白流失。

护理：选择滋润型洗发露和护发素，使用时可轻轻按摩头皮和发梢；选用性质温和的烫发和染发产品，或减少烫发和染发次数；定期使用修护产品，修补受损结构，使头皮和头发恢复健康。

建议：使用乌黑柔亮型及负离子、游离子焗油型洗护产品。

三、油性发质

特性：发丝油腻，洗发后翌日，发根已出现油垢，头皮如厚鳞片般积聚在发根，容易造成头痒。由于皮脂分泌过多而使头发油腻，大多与荷尔蒙分泌紊乱、遗传、精神压力大、过度梳理以及经常进食高脂食物有关。发质细软者，油性头发的可能性较大，这是因为每一根细发的圆周较小，单位面积上的毛囊较多，皮脂腺同样增多，故皮脂分泌也多。头发油腻不洁，失去弹性，变得疏松，难于定型，烫发和染发效果都不能持久。

机理：油脂分泌过量。饮食方面，如食用糖分、淀粉或脂肪含量过高的食物。

护理：①不要大力梳发和摩擦头皮，要轻轻按摩头皮。
②不要用功效太强的洗发剂，要用专门的平衡油脂的洗发产品。

③冲洗时不可用太热的水，最好用温水。

④每天洗发后，使用能收缩头皮毛孔、减少油脂分泌的产品。

四、混合性发质

特征：头皮油腻而头发干，是一种靠近头皮约1厘米以内的发根油脂分泌旺盛，越往发梢越干燥甚至分叉的混合状态。此外，过度的烫发或染发，加之护理不当，也会造成发丝干燥而头皮油腻的发质。

机理：处于行经期的妇女和青春期的少年多为混合性发质。此时头发处于最佳状态，而体内的激素水平却不稳定，于是出现多油和干燥并存的现象。

护理：使用干性洗发露来清洁头皮，使用水溶性护发乳来护理头发，而且洗发时水温不能过高，这样可以减少头皮部分的油脂分泌。洗发后在头发半干时就上一层营养保湿精华液。此外，最好搭配使用防晒和滋养型护发产品，护发素可多用一些，而且要让滋养成分在发梢处尽量多停留一段时间。

五、异常脱发

1. 脱发的原因

（1）外在因素

①服药。

②细菌感染。

③洗发剂功效太强。

④油脂性头屑阻塞毛孔。

⑤吹、染、烫、漂不当。

⑥内分泌紊乱，荷尔蒙分泌失调。

（2）内在因素

①遗传，年龄的增长。

②营养不足，缺乏维生素、氨基酸等。

③毛母细胞及毛囊受损。

④血管障碍。

2. 脱发的预防

保持头皮清洁，勤洗头；多按摩，使毛细血管通畅，促进血液循环；多休息，充分吸收营养，多摄取维生素 A、维生素 D 和维生素 B_6 等。

建议使用去屑止痒型、生发止脱型和营养护理型洗发护发产品。

六、正确的洗发步骤

发质的好坏，直接受洗发水、护发素等的影响。洗发、护发产品固然重要，正确的洗发方法更为重要。方法错误，再好的产品也是浪费。

1. 洗发前先梳发

这是很多人都容易忽视的一个细节。对于民航服务各个岗位的工作人员来说，这都是最基本的一个步骤。不管是空乘，还是安检、地勤，一天高强度的工作结束后，梳理头发不仅可以促进头部皮肤的血液循环，缓解疲劳，减少头发的缠绕及洗发时造成的断发，同时还可以把头皮上的脏东西和鳞屑（死皮细胞）弄松，方便下一步的清洗。所以，洗发前一定要先把头发梳通。

2. 彻底湿发

把梳顺的头发捋向头部的一侧，歪着头，用 40℃ 左右的温水从上至下冲洗头发，一定要使底层的头发和上层的头发一样湿透，这样才能够配合洗发水产生足够的泡沫。

3. 正确地涂抹洗发水

很多人都习惯于直接将洗发水挤在头发上，却不知道这种方法是错误的。应该倒适量的洗发水于掌心，加水稀释，用双手揉出丰富的泡沫后，再均匀地涂抹在发丝上，这样才能更好地溶解污垢。如果直接将洗发水挤在头发上再揉搓，首先，未经稀释的高浓度的洗发水容易在头皮局部残留，这会直接刺激头皮；其次，泡沫是用来阻隔发丝摩擦的，如果先揉搓头发后出泡沫，哪里还谈得上保护？

4. 正确的洗发方法

十指张开，先用指腹把洗发水的泡沫均匀揉进头发里，再用指腹轻轻地按摩头皮（注意：是按摩头皮，而不是你习以为常的抓挠动作），尤其是油性头发，指腹下就应该多一些力道了，因为只有把毛囊孔彻底清理干净，才会养出更苗壮的新发。按摩完头皮，就要从发干至发梢捋着发丝，用手轻轻地洗，这样毛鳞片就没有机会翘起来捣乱了。

需要强调的是：如果你用的是一般护理性质的洗发水，只要发丝上形成了一层厚厚的泡沫，洗发也就基本上算是告一段落了。这时候，你就可以用水冲洗了。可是如果你用的是特殊性质的洗发水，比如具有去屑或防脱效果的功能性洗发水，就应该适当延长时间，以便于洗发水在头皮和头发上发挥作用。

5. 恰当地使用护发或润发产品

头发完全冲洗干净后，先用手指挤出多余的水分，然后用干毛巾擦到不滴水的程度，再轻轻地按摩头部皮肤，几分钟后就可以涂抹护发素了。应该说，这一步相当重要，因为这样才能使护发或润发产品被充分吸收。这里有一个简单的原则，即：越是浓缩的护发营养产品，如精华露、发膜等，对头发干度的要求就越高。

另外，涂抹护发产品时，应该有一种滑溜的感觉，若这种感觉中途消失了，就说明用量不够，需要追加一些护发素。

6. 适度冲洗

护发素均匀涂抹在头发上，留置 2~3 分钟后就可以冲洗了。注意水温会影响后续的造型效果，所以，冲洗最后一遍时水温一定要稍微调低，这样做会让毛鳞片闭合得更好，头发摸起来会非常柔顺。因为湿发很脆弱，摩擦容易引起损伤，因而要分两次彻底清洗，以尽量不留黏滑物为适度冲洗。

7. 干发的技巧

不要用湿毛巾擦头发，要用大而干的毛巾将头发上的水吸干，再用大齿梳梳理。梳理时动作要轻柔，因为刚刚清洗和按摩过的发根，血液循环加快，毛孔是张开的，头发容易拉断。最好自然风干，如果使用吹风机，一定要选择中档风力，吹至八成干就可以了。

第三节 发型与脸型的搭配

发型是人体美的重要组成部分，是自然美与修饰美的结合。发型不仅反映着人们的物质和文化生活水平，而且也体现了时代的精神风貌。

发型的选择应与脸型、年龄、职业、性格、气质等相符。

绝大多数人脸部或多或少地存在着某种缺陷，如颧骨过高、下巴过宽、前额窄小等等。根据不同的脸型，选择适合自己的发型，就能掩藏或者削弱一些缺点，收到扬长避短的效果。

1. 长方形脸

特征：长脸，就是脸型比较瘦长，额头、颧骨、下颌的宽度几乎相同，但是脸宽小于脸长的三分之二。

优点：长方形脸的人天生拥有难以言说的高贵气质，是古代贵妇所钟爱的脸型。

缺点：一个人脸过长的话，则变成"马脸"；而且因为脸长的人下巴较尖，两颊单薄，因而更显柔弱，缺乏生气。

修饰：长形脸的人在选择发型时要适当加宽额头宽度，突出高贵气质，而掩盖病态的美感。最好采用二八分头或一九分头。在发型的选择上避免垂直长发或短发，因为垂直长发或短发会显得老成、呆板，无形中进一步拉长了脸部长度。选用蓬松式发型最为恰当，尤其是鬓边的适度蓬松可以很好地掩盖脸颊的瘦长。

2. 方形脸

特征：额头、颧骨、下颌的宽度基本相同，就是四四方方的。

优点：方形脸的人一般前额宽广，颧骨突出，下巴较宽，给人刚毅顽强、踏实稳重的感觉。

缺点：方形脸整体轮廓较为平直，人显得较呆板，缺乏活力。

修饰：由于棱角突出而显得线条较刚硬，应采用波形来弥补，突出脸部的竖线条，使脸型变得圆润。一般来讲，头发不要剪得太短，也不要留太过平直或中分的发型，这样会使脸显得更方。这种脸型的人最忌讳留短发，尤其是超短的运动发型。发式以长发为佳，但如果个子矮小，不宜留长发，最好选择齐肩短发。

3. 圆形脸

特征：圆形脸和方形脸一样，都是额头、颧骨、下颌的宽度基本相同，最大的区别就是圆形脸比较圆润丰满，不像方形脸那么方方正正。特征为圆弧形发际，圆下巴，脸较宽。

圆形脸适合垂直向下的发型或盘发。

优点：这种脸型很讨人喜欢，俗称"娃娃脸"，活泼可爱，亲和力强。

缺点：不够稳重干练。这种脸型经常让人误以为你做事不严谨，对你的工作能力产生怀疑。

修饰：头顶部提高蓬松，而脸部两侧头发较为拉长或拉低的发型。因为长度较长的发型，会有助于让脸部看起来修长；而头顶区蓬松感的头发会拉长脸部整体的线条，让脸型看起来不那么短和圆。另外，两颊旁的头发也要特别注意，太多或太蓬松会使脸看起来更圆。

4. 正三角形脸（由字形脸）

特征：额头窄，腮部宽，脸部轮廓类似于正三角形。

优点：给人持重稳健的印象；脸盘宽，显得富态。

缺点：显得比较沉闷，缺乏灵秀之气。

修饰：由于三角形脸有窄额头和宽下巴，对于这种脸型，在发型设计上应把太阳穴附近的头发弄得高一点、蓬松一点，以平衡下颚的宽度；尽量把刘海剪高一点，使额头看起来宽一些，在一定程度上纠正脸型的不均衡感。

5. 倒三角形脸（甲字形脸）

特征：俗称"瓜子脸"，额头最宽，下颌窄而下巴尖。这种脸型的下颌线条很迷人。

优点：给人以灵敏的感觉，显得俏皮可爱。几乎适合任何发型。

缺点：如下颌过窄，会显得不够大气；下巴过尖，会显得尖酸刻薄。

修饰：发型设计应当着重于缩小额宽，同时增加脸下部的宽度。具体来说，头发长度以中长或垂肩为宜，发型适合中分刘海或稍侧分刘海，发

梢蓬松柔软的大波浪可以收到增宽下巴的视觉效果。

6. 菱形脸（申字形脸）

特征：菱形脸又称枣核形脸，前额较窄，下巴较尖，颧骨较宽。

优点：使人显得干练，精明能干。

缺点：显得较严厉，不易亲近。

修饰：最适合的发型是靠近面颊骨处的头发尽量贴紧，面颊骨以上和以下的头发则尽量宽松，刘海要饱满，可以使额头看起来较宽。短发要做出心形的轮廓，长发要做出椭圆形的轮廓。发型设计应当着重于缩小颧骨宽度。女性最好烫发，然后在做发型时，将靠近颧骨的头发作前倾波浪，以掩盖较宽的颧骨，将靠近下巴部位的头发吹得蓬松一些。应该尽量避免露出脑门，也不要把两边的头发紧紧地梳在脑后（如扎马尾辫或盘高发髻）。

第四节　民航服务人员发型基本要求

头发是构成仪容礼仪的要素之一，发质和发型都很重要。人的气质和魅力从头开始，当一个人出现在他人面前时，头部首先被人注意到，因此，发型的适当与否，直接影响到他人对其印象的好坏。乌黑柔顺的秀发可以使平凡的人变得出众，而恰到好处的发型能使人格外抢眼。

作为民航服务人员，身处展示我国人文风采的窗口行业，更要规范发型，塑造并保持良好的个人形象。

一、民航服务人员标准女士发型要求

①女性不宜披散头发，要求前发不挡眼，后发不过肩。长发过肩者，应盘发或挽发，并置于工作帽内。

②佩戴统一的头花。可根据脸型和身高来判断所采用的盘发的类型——低盘发、高盘发或中盘发。如图13-3所示（见彩插）。

③可留短发，发型应简洁明快，不失女性的柔美。不留奇特发型，不

可染发。

二、民航服务人员标准男士发型要求

①每天保持头发干净，有光泽，无头皮屑。

②发型要修剪得体，轮廓分明。头发应梳理整齐，使用发胶、摩丝等定型，不得有蓬乱的感觉。着制服时应使用啫喱水、发胶等固定发型。如有白发，应定期焗染成自然黑色。

③发型以平头、分头、背头为主，随时保持整洁。双侧鬓角不得遮盖住双耳，前侧头发保持在眉毛上方，头发不得长于衬衣衣领上线。如图13-4所示（见彩插）。

④严禁修剪过于时尚、怪异的发型，禁止焗染、挑染除自然黑色以外的其他颜色或者使用假发套。

第十四章 民航服务人员形象塑造

第一节 民航服务人员标准仪容

一、女性民航服务人员标准仪容

1. 皮肤

皮肤干净清透，肤色均匀。注意皮肤的清洁，防止皮肤长青春痘、痤疮；平时注意防晒，避免长晒斑。

2. 面部清洁

注意面部的局部修饰，保持眉毛、眼角、耳部、鼻部的清洁。

3. 口腔

注意口腔卫生，避免吃大蒜、韭菜等影响口气的食物。养成饭后刷牙漱口的习惯，确保口腔无异味、牙齿无异物。做好嘴唇的保护，可用唇膏保持唇部的滋润，防止干裂。

4. 妆容

在执行航班任务时，女性服务人员的妆容应以淡雅、清新、自然为宜。工作妆绝不可浓妆艳抹，口红也不可涂得过于鲜艳。在飞行中应注意随时补妆，这样可以始终向旅客展示一种饱满的精神状态。

5. 手部护理

注意手部的美化，手和手指甲应随时保持清洁，要养成勤洗手的好习惯，要经常擦护手霜，以保持手部的柔软。

要养成经常剪指甲的好习惯，不要将指甲留得过长，以免给人一种不讲卫生的感觉。一般情况下，指甲长度以从指尖看不超过指尖 2 毫米为宜。染色指甲以不超过 5 毫米为宜，指甲油颜色以无色或浅粉红、裸色为宜。

二、男性民航服务人员标准仪容

①养成每天净面、剃须的良好习惯。不允许留小胡子和络腮胡。勤修剪鼻毛。洗脸时应清洗耳窝、耳背，并修剪耳毛。

②值勤时需保持口气清爽，不带浓烈的烟草味。牙齿上不可残留异物。

③不得在身体的任何部位文身。

民航服务人员标准仪容如图 14-1 和图 14-2 所示（见彩插）。

三、男性民航服务人员的妆容修饰

男性民航服务人员可针对脸部的缺陷进行适当的妆容修饰。

男士的妆容讲究自然，要与肤色相匹配，而且还要求看不出痕迹。

为了达到自然又不缺失男性魅力的化妆效果，男士化妆的时候要更加注意技巧。女士的妆可以化得较浓，而不会让人觉得有什么问题；而男士的妆如果化得较浓，反而会弄巧成拙，破坏自身形象。

第一步：上妆。

首先是选择合适的粉底，通常要选与自己肤色相近或稍深的（比较多的人会选择棕色系），还要注意场合。另外，干性皮肤的人最好选用粉底液，油性皮肤的人则应选用中性的干粉。

上粉底的手法多是用敲和印，只要薄薄的一层就好，别像女士那样"浓妆艳抹"。要了解自己的脸型，脸圆的人上粉底时要从脸颊往耳后扫，让脸看起来瘦一点；轮廓不分明的人要在下巴位置上颜色较深的粉底，但要注意过渡自然。最后用粉扑把定妆粉轻轻扑在脸上，使妆容在较长时间内保持透明、自然。

第二步：描画眉目。

浓眉大眼是男性的特点，眉画得不好，就会破坏整体妆容。男性的眉毛大多比较浓密，画眉时多采用补的手法，让眉毛看起来均匀平整。

漂亮的眼睛最迷人，所以眼部修饰是化妆的重头戏，原则是有神。在睡眠不足导致眼睛疲惫时，可以用咖啡色的眼线笔勾画一下，就可起到提神明目的作用。睫毛要理顺，可以适当使用睫毛膏来定型。遮盖眼袋和黑眼圈也很重要，大多使用浅色干粉来提亮或补平，从视觉上弱化凸出的眼袋。

第三步：画唇。

男士化妆不能画唇线，如果唇色不好，可以涂自然的裸色唇膏，切忌太红润和有亮度。如果嘴唇干裂，要先涂一层润唇膏。

第二节　民航服务人员着装要求与规范

民航服务人员的仪表、着装和言行举止不仅关系着航空公司的企业形象，而且代表着国家、民族的对外形象。

在民航服务人员专业形象的塑造过程中，服饰起了至关重要的作用。民航服务人员应根据各岗位特点来协调服饰搭配，从而使服饰达到美化职业形象的目的。同时，民航服务人员也要善于利用服饰来彰显自身的文化修养和审美品位，构筑一道亮丽的风景线。

一、女性民航服务人员着装要求与规范

①值勤时，同一航班乘务组乘务员可根据航线季节、天气变化及个人身体素质着装。空中乘务员一律着裙装。迎送客时，乘务员可着马甲，寒冷地区可着大衣。

②皮鞋应保持光亮、无破损。空中应着单皮鞋，平底鞋只能在空中服务时穿着。

③着制服时必须扣好纽扣，将衬衣下摆塞到裙子或裤子里，系好

腰带。

④乘务员在为旅客提供餐饮服务时应穿戴围裙。围裙应熨烫平整，保持干净。

⑤乘务员着制服外套、风衣、羊绒大衣时，要佩戴帽子、围巾、手套。

⑥登机证佩戴在制服、风衣、大衣胸前，上机后摘掉；服务牌佩戴在制服的右上侧，衬衣和围裙的左上侧距肩线15厘米处。

二、男性民航服务人员着装要求与规范

①应穿着制式服装，系制式领带，按规定佩戴制式大檐帽。

②冬春、夏秋制服应配套穿着，不得混穿。在餐饮服务过程中禁止穿外套。值勤时，同一航班乘务组乘务员可根据航线季节、天气变化及个人身体素质着装。迎送客时，乘务员可着马甲，寒冷地区可着大衣。

③衬衣下摆不得外露，必须扎入皮带内。皮带仅限黑色。

④夏制短袖白衬衫内应穿着一件白色（无图案、文字图样）的贴身内衬T恤，同时应佩戴肩章。

⑤冬季可在制式衬衫内加穿白色防寒内衣，袖、领不得长出于衬衫。

⑥原则上着制式皮鞋，允许着个人黑色牛皮鞋。鞋跟高度不超过2厘米，鞋面上不得有任何金属佩饰（商标除外）。禁止着休闲鞋、大头鞋等。

⑦袜子颜色统一为黑色及深蓝色，穿着时应保持袜子完整、清洁、无破损。

⑧登机证佩戴在制服、风衣、大衣胸前，上机后摘掉；服务牌佩戴在制服的右上侧、衬衣的左上侧。

⑨箱包内需携带备用制服。

民航服务人员规范着装如图14-3所示（见彩插）。

附　录　民航服务人员面试指南

一、如何做一名合格的空姐——空姐的形象

1. 仪表

仪表包括人的容貌、姿态、服饰和个人卫生等方面，它是空姐精神面貌的外在体现。

由于人的性格、气质不同，内在修养不同，行为习惯不同，其形象也千姿百态。每个人都要以个人良好的文化素养、渊博的学识、精深的思维能力为核心，形成一种非凡的气质。

良好的风度需要很长的时间来培养，尤其作为一名合格的空姐，更需要在长期的工作实践中加强自己的文化修养，提高素质，将外在美和内在美完美结合，形成自己独特的气质。

2. 服饰

服饰是人体的外在包装，它包括衣、裤、裙、帽、袜、手套及各种饰品。服饰是一种无声的语言，它体现了一个人的身份、涵养及心理状态，直接反映了一个人的品位。

空姐必须对个人的服饰予以充分重视，它关系到个人的形象和航空公司的形象。

空姐在飞行时必须遵守航空公司有关服饰的规定，做到按规定着装。

空姐在着工作服时，应保持工作服干净整洁。每次上飞机前，应将工作服熨烫平整，绝不允许出现皱褶、残破、污渍、异味等。整洁、熨帖的着装会带给旅客清新、舒服的感觉。

二、如何做一名合格的空姐——空姐的职业道德

飞机客舱服务是民航运输服务的重要组成部分，它直接反映了航空公司的服务质量。在激烈的航空市场竞争中，直接为旅客服务的空姐的形象和工作态度，对航空公司占领市场，赢得更多的回头客起着至关重要的作用。高雅、端庄、美丽、大方是人们对空姐的一致认同，但光有这些是胜任不了空乘工作的，空姐最重要的是要具有相当高的职业道德。作为一名合格的空姐，需要具备的职业道德包含哪些内容呢？

1. 热爱自己的本职工作

对空乘工作的热爱不是一时的，当自己美好的空乘工作梦想被现实的辛苦工作打破后，还能一如既往地主动、热情、周到、有礼貌地为旅客服务，认真负责、勤勤恳恳、任劳任怨地做好本职工作。

2. 有较强的服务意识

在激烈的市场竞争中，服务质量的高低决定了企业是否能够生存，市场竞争的核心实际上是服务的竞争。民航企业最关心的是旅客和货主，要想在市场竞争中赢得旅客和货主，就必须提高服务意识。

服务意识是经过训练逐渐形成的。意识是一种思想，是一种自觉的行动，是不能用规则来保持的，它必须融化在每个空姐的人生观里，成为一种自觉的思想。

3. 有吃苦耐劳的精神

空乘职业在人们的眼中是在空中飞来飞去的令人羡慕的职业，但在实际工作中，空姐们要承受人们所想象不到的辛苦，飞远程航线时差的不同，飞国内航线各种旅客的不同，工作中遇到的困难和特殊情况随时都会发生，没有吃苦耐劳的精神，就承受不了工作的压力，做不好服务工作。

4. 有热情开朗的性格

空乘工作是一种与人直接打交道的工作，每天在飞机上要接触上百名旅客，随时需要与旅客进行沟通，没有开朗的性格，就无法胜任此项工作。

5. 刻苦学习业务知识

作为一名空姐，在飞机上不仅仅是端茶送水，而是需要掌握许多知

识。比如，今天的航班是由北京飞往美国洛杉矶，空姐首先要掌握北京和洛杉矶的城市概况、人文地理、经济状况，航线飞越的国家、城市、河流、山脉以及名胜古迹等；还要掌握飞机上设备的使用方法、紧急情况的处置方法、飞行中的服务工作程序及服务技巧等。可以说，空姐上要懂天文地理，下要掌握各种服务技巧；不但要有外在美，也要有内在美。

6. 学会说话

语言本身代表每个人的属性，一个人的成长环境会影响其说话习惯。作为一名空姐，要学会说话的艺术。不同的服务语言往往会得到不同的服务结果。一名空姐要掌握不同的说话技巧，如对老年旅客的说话技巧、对儿童旅客的说话技巧、对特殊旅客的说话技巧、对发脾气旅客的说话技巧、对重要旅客的说话技巧、对第一次乘飞机的旅客的说话技巧、在航班不正常时的说话技巧等。

在实践中，往往由于一句话，会给我们的服务工作带来不同的结果。一句动听的语言，会给航空公司带来很多回头客。也可能由于服务人员一句难听的话，旅客永远不会再乘坐这家航空公司的飞机；他可能还会将他的遭遇告诉其他旅客。所以得罪了一名旅客，可能相当于得罪十名甚至上百名旅客。

例如，在一个航班上，空姐正在为旅客提供正餐服务。机上的正餐有两种热食供旅客选择，但供应到某位旅客时，他所要的餐食品种刚好没有了，于是空姐非常热心地到头等舱找了一份餐食送到这位旅客面前，说："真对不起，刚好头等舱多余了一份，我就给您送来了。"旅客一听，非常不高兴地说："头等舱吃不了的给我吃？我也不吃！"由于不会说话，空姐的好心没有得到旅客的感谢，反而惹得旅客不高兴。

如果空姐这样说："真对不起，您要的餐食刚好没有了，但请您放心，我会尽量帮您解决。"同时，可到头等舱看看是否有多余的餐食能供旅客选用。拿到餐食后，在送到旅客面前时，可以这样说："我将头等舱的餐食提供给您，希望您能喜欢。欢迎您再次乘坐我们航空公司的飞机，我一定首先请您选择我们的餐食品种，我将非常愿意为您服务。"相信旅客会很高兴地接受。

同样的一份餐食，不同的话却带来了多么不同的结果！这就是说话的艺术。作为一名合格的空姐，学会说话真是太重要了。

三、如何做一名合格的空姐——空姐的职业形象

空姐美丽、端庄、大方的外表给人们留下了固定的形象特征。那么，作为一名合格的空姐，怎样才能形成自己的形象特征呢？

空姐的职业形象是在日常的工作和生活中逐渐养成的，不能指望上几天课，就将自己培养成一名气质出众的空姐。学习礼仪的目的就是要塑造良好的空姐形象，这包括外在和内在两个方面的内容。内在的包括素质的提高、心灵的美化，外在的包括仪容仪表、言行举止等。外在形象作为内在素质的体现，是以内在素质为基础的，所以只有加强自身的修养，才能做到秀外慧中，真正树立良好的职业形象。

四、面试技巧

技巧一：注意英语时态的变化和运用

应聘者在参加英语面试前大都做过充分的语言知识的准备与练习。那么，在众多的英语语法规则中，为什么要单独强调时态的运用呢？其一是因为英语和汉语的表达习惯不同，时态的误用是口语中常见的错误，而时态又是比较基本的语法点，一旦用错，会让面试官对面试者的英语能力产生怀疑。其二是因为在面试过程中，往往会涉及很多个人经历、教育背景、工作经验、职业规划等方面的问题，因此在表述某件事情或是某个想法的时候，一定要注意配合正确的时态，否则就会造成"差之毫厘，失之千里"的结果。

技巧二：尊重个人及文化差异

任何面试都带有一定程度的主观性，也就是说面试官是否欣赏你可能成为决定性因素。因此，在英语面试的过程中，应当尽量避免由于对英语的驾驭能力不足而引发的对面试官的不敬甚至冒犯。

具体而言，主要有两种做法要特别注意避免。首先要避免使用过于生僻的单词，或者地方俚语之类接受群体相对比较小的表达方式，因为这种表达方式很有可能造成听者的困惑与曲解。

其次则要避免过多、过于主观地谈及宗教文化或时事政治方面的问

题。不少面试者急于展示英语水平，或者想给面试官留下深刻印象，常常会犯这类错误。

技巧三：以英语为载体，展示工作能力

与英语考试的口试不同，面试人员通常是由航空公司的人事主管、空乘部门主管或航空公司高层组成，他们更关心和看重的是面试者的专业知识和工作能力，而英语此时只是一种交流工具，或者说是面试者所要展示的众多技能中的一种，因此要切忌为表现英语水平而说英语。

有些人为了给面试官留下自己英语水平高的印象，常常会大量使用事先准备好的词汇及句式，而真正针对面试官所提与工作有关的问题的个人见解却很少，最后除了得到一句"英语不错"的夸奖之外，恐怕很难有理想的结果。

技巧四：学会运用微笑，敲开成功之门

微笑是发自内心的爱，是人际交往的润滑剂。这是航空公司很重视的一项个人软实力——亲和力。民航服务人员亲切而真诚的微笑、柔和的目光，能缩短与旅客之间的心理距离，为沟通和交流创造温馨、和谐的气氛，给旅客如沐春风、宾至如归的感觉。在面试中，保持微笑，就会增大成功的把握。

微笑的四大优点：

①表明心情良好。平和愉悦的微笑，说明心理愉快，充实满足，乐观向上，善待人生，这样的人才会产生吸引他人的魅力。

②充满自信。面带微笑，表明对自己的能力有充分的信心，能以不卑不亢的态度与人交往，使人产生信任感，容易被人接受。

③表现真诚友善。微笑反映自己心底坦荡，善良友好，待人真心实意，而非虚情假意，使他人在与其交往中轻松自然，不知不觉地缩短了心理距离。

④表现乐业敬业。面试官会认为你能在工作岗位上保持微笑，说明你热爱本职工作，恪尽职守。微笑能够创造和谐、融洽的气氛，让服务对象倍感愉快和温馨。

总之，真正的微笑是发自内心的、表里如一的。笑容是所有身体语言中最直接的一种，应好好利用。空姐最重要的标准之一就是："将你完美的微笑留给乘坐飞机的每一位旅客。"

五、面试实战

• 基本礼仪：

一般不宜由亲友陪同面试，避免给人留下不成熟的印象。

不要紧张，保持自信和自然的笑容，一方面可以帮助你放松心情，令面试的气氛变得融洽愉快；另一方面可令面试官认为你充满自信，能有效面对压力。

• 面试前：

应对所有职员保持礼貌，要知道，他们可能成为你的同事。

进门前先敲门，礼貌地和面试官打招呼。

• 面试时：

谈话时要与面试官有恰当的眼神接触，给面试官留下诚恳、认真的印象。

点头不可太急，否则会给面试官留下不耐烦及想插嘴的印象。

谈话时切忌东张西望，此举有欠缺诚意之嫌。

• 身体语言：

待面试官发出邀请后才能坐下，坐姿要保持笔直。

留意自己的身体语言，要大方得体。跷腿、左摇右摆、双臂交叠在胸前、单手或双手托腮等举止都不适宜。

• 切忌一些缺乏自信的小动作：

男士应避免玩弄衣衫、领带或将手插进裤袋内。

女士不宜经常拨弄头发，过分造作。

避免摆弄手指或签字笔、眼镜及说话时用手掩嘴。

• 面试结束离去时，应向面试官道谢及说"再见"。

• 回答问题的态度：

态度诚恳，不宜过分客套和谦卑。

不太明白面试官的问题时，应礼貌地请求他重复。

陈述自己的长处时，要诚实而不夸张，要视空乘职位的要求，充分表现自己有关的能力和才干。

不懂得回答的问题，不妨坦白承认。如果不懂装懂，被面试官揭穿后，反而会弄巧成拙。

- 语调：

语调要肯定，表现信心。

尽量避免中、英文夹杂。

尽量少用语气助词，避免给面试官一种用语不清、冗长、不认真及缺乏自信的感觉。

说错话要及时补救。

在说错话之后，不要放弃，必须重新振作，继续回答其他问题。

- 其他：

不要打断面试官的话，因为这是非常无礼的行为。

面试官可能会问一些与职位完全无关的问题，目的在于进一步了解你的思考能力及见识，不要表现出不耐烦或惊讶，以免给其留下太过计较的印象。

切忌因面试官不赞同你的意见而惊慌失措。有的面试官会故意反对面试者的意见，以观察他们的反应。

面试者在面试时，往往会产生紧张的情绪。这在所难免，但如果过分紧张，就会影响到面试的结果。那么，如何才能消除紧张情绪呢？

有效的做法：

第一，礼貌用语大声地说。一般情况是，当人在紧张时大声说几句话，会缓解一下紧张情绪。当面试者走进主考官室，一进门，就强迫自己向在座的面试官响亮地打声招呼："你们好，我是××。"这样做既表示了礼貌，又可稳定情绪，心情自然会轻松很多。

第二，放慢说话速度。不管是谁，一旦紧张起来，说话就会像打机关枪一样，速度极快，而且说得越快，就越紧张，造成恶性循环。这时要控制自己说话的速度，让字一个一个地从口中吐出来。速度放慢了，心情也就没有那么紧张了。

第三，每句话都说得清楚明白。紧张时，容易使语尾含糊，给人一种有气无力的感觉。如果加重语尾发音，说得缓慢响亮，则有助于消除紧张情绪。

第四，如实说出自己心情紧张。不妨直接对面试官说："对不起，我有点紧张。"此时，面试官会给你鼓励，你的紧张情绪会逐渐消失。面试官不会因此而扣你的分，相反，他可能会认为你有幽默感而给你加分。

第五，面试时眼睛对着对方额头有助于消除紧张。两眼盯着面试官的眼睛，自然会感到紧张；低着头或东张西望，又给人一种不沉着的感觉。最好的办法是：面对面试官坐下后，脸对着面试官的眼睛，但目光却落在面试官的额头上，这样既可以给面试官一种专心听讲的良好印象，又会使自己的紧张情绪得以缓解和消除。

对于一名空乘职位应聘者来说，应该非常明确空乘职业需要怎样的形象。看起来干净、利落、和善、有自信的人，是多数空乘部门主管中意的类型。因此，除了谈吐、礼仪和服装之外，给自己化一个清新、雅致的淡妆，绝对具有加分的作用，而浓妆艳抹是大忌。

造型师的建议：清新淡妆

空姐应聘时不妨保持本色，淡妆出场。彩妆颜色应该以淡色系为主，那些红色、绿色、蓝色等正色系列，太过抢眼，一个不小心就会造成做作庸俗的负面形象。粉底应该选用接近自己肤色的自然色彩，即使肤色偏黑，也不要去挑选颜色低于2号的粉底，以免显得不自然。倘若肤色偏白或黄，则在粉底外再扑上一些粉红色、粉紫色的蜜粉，显得白里透红。眼影和口红的选择，以与服装色彩相协调为依据。整体端庄的造型，重在体现个人的气质与个性。

彩妆师的建议：富有朝气的暖色调

空姐应聘妆应以"精神""朝气"为重点，所以亲切的粉红色、橘色等暖色调，无论使用在腮红、眼影还是唇膏上，都相当出色，亲切可人。在化妆品的材质上，注意避免使用过于凸显个人特色的深色系。

六、民航招聘空姐的一般要求

航空公司面试空乘服务人员的形象要求和其他报名条件：

- 年龄一般为18~23岁，也有的航空公司将年龄限制在22岁以下。
- 五官端正，仪表清秀，身材匀称。
- 女性身高164~173厘米，男性身高173~183厘米。
- 口齿清楚，普通话标准。
- 身体裸露部位无明显疤痕。

- 无口臭、腋臭、皮肤病，走路无内外八字。
- 听力不低于5米。
- 无精神病史及慢性病史。
- 学历要求一般，也有航空公司无此要求。
- 要求流利的英文或基本的会话能力，其他小语种优先。
- 准备两张二寸照片和一张四寸生活照片。
- 填写履历表并带上学历证书和其他证明材料。

应聘人员着装要求：应着职业装，化淡妆。男性最好穿长裤。

应聘人员的站姿、坐姿要求：应随时保持坐姿端正、站姿优雅，两眼凝视对方。坐下时身体微微向前倾，面带微笑，保持与面试官的距离。

回答问题的要求：回答问题时声音要大一点，吐字清楚，语言简练，使对方能听明白你所要表达的意思。

考官可能问到的问题：

- 履历表中的问题——你的年龄、学校、学历、家庭住址。
- 介绍一下你的家庭，你的父母和家庭其他成员。
- 你为什么要做一名空乘人员？
- 你对空乘的工作有哪些了解？
- 你有哪些特长？
- 你在家里是否帮助父母做家务？
- 飞机上如果遇到不讲理的旅客，你应如何处理？
- 你考虑过空乘工作的辛苦吗？如果你被我公司录取，你将准备如何做一名合格的空中乘务员？
- 做一名优秀的空中乘务员应具备哪些品质？
- 你在学习期间结识的朋友多吗？
- 谈谈你对本公司的了解，如本公司都有哪些机型、航线？
- 你为什么要报考本公司？
- 如果有两家航空公司同时接收你，你会选择哪一家？

七、面试基本流程

- 到报名地点后，先交报名表，然后进行基本身体检测（身高、体重、视力)。

·分组进行面试，一般十人一组进入考场，每个报考人员进行简单的自我介绍（姓名、年龄），然后走出考场，等候下一步的面试通知。没得到再次面试通知的人员则被淘汰。

·第二次面试由面试官单独进行。面试内容包括英文对话以及其他有关问题，内容比较详细。第二次面试通过后，在考场等候面试结果通知。

·有的航空公司可能还要安排第三次面试或者进行笔试。

·体检。参加体检后等待体检结果。

某航空公司面试程序：

①首先准备一份中英文简历。到考场后，工作人员会发给报考人员一篇广播词（英文），经过稍微准备后，五人一组，进入主考官室，每人念一段手里的广播词。考官主要是观察你的声音是否好听，口齿是否清楚，英文程度如何。

广播词念完后，考官会告诉你是否有下一次的面试。初试通过后，要交履历表和学校毕业证。

②复试。有两位主考官，分别向每一位应试者问一些生活方面的问题或有关空乘工作的问题，甚至可能问一些容易使人生气的特殊问题，以此来观察应试者的反应。例如，你的衣服看起来怪怪的，你的表现不够当一名空乘人员等。这些问题主要考验应试者的心理承受能力和处理特殊情况的能力。

复试结束后，考官会通知你是否参加下一次面试。

③第三次面试。此次有四位考官考察每一位应试者。他们会以聊天的方式，问一些生活问题。面试通过者到更衣室换上航空公司空乘人员制服，在考场走一圈，转一圈，看看体型是否好看，姿态是否优美。

面试结束后会现场通知结果。

④游泳测试。游泳距离为50米，任何泳姿都可以，在有条件的饭店举行。

⑤茶会。分成四组，每组约十人，酒会方式。餐桌上有茶点供全体参加面试的人员享用，四位主考官轮流提出问题，和大家聊天，目的在于了解应试者的团队精神，以及与其他人相处的能力，并要求应试者提出问

题。时间大约为4小时。茶会结束后当场通知应试者是否被录用。

八、空乘日程模拟表

这是中国国际航空西南公司空姐一个正常的工作日。从成都飞往日本福冈的飞机在早上8:00起飞，她们的一天是这样度过的：

飞行前一晚入住机场宿舍。

飞行当天：

5:30，起床，梳洗、化妆。

6:20，到达准备室。乘务长将安排一天的工作，给空姐们分号位，以及宣布一些注意事项。

6:50，所有空乘人员登机，做准备工作。

7:30，开始迎接登机的乘客。

8:00—10:30，是为乘客服务的忙碌时刻。

10:30，飞机抵达上海浦东机场，将在这里稍做停留，做过海关等准备工作。

11:10，再次登机。

12:30左右，飞机抵达日本福冈。在日本停留大约一个小时，飞机沿来时的路线，空姐们也按来时的程序返航。

19:45左右，回到成都。乘客下机完毕大概是20:20，所有工作人员回到乘务部，会有一个15~20分钟的总结会。然后解散，回到家已经是22:00以后了，什么也不想做，通常是倒头就睡。

不知道那些认为空姐工作轻松的人看了这个时间表会有什么想法？工作量远远大于每日工作8小时的普通上班族的空姐们就是这样日复一日地度过自己最美好的时光的。

参考文献

[1] 李勤. 空乘人员化妆技巧与形象塑造. 北京：旅游教育出版社，2010.

[2] 杨军. 民航服务礼仪. 成都：四川大学出版社，2012.

[3] 徐家华，张天一. 化妆基础. 北京：中国纺织出版社，2009.

[4] 周生力. 整体形象设计. 北京：化学工业出版社，2012.

[5] 熊芬. 时尚圣经：专业化妆造型实例教程. 北京：人民邮电出版社，2013.

[6] 刘科，刘博. 空乘人员化妆技巧. 上海：上海交通大学出版社，2012.

[7] 相关网站：民航资源网、民航网、空姐网、百度网.

后　记

近年来，我国民航事业得到飞速发展，在国际航空业中也取得了骄人的成绩，国际地位已不可代替。国内航空业欣欣向荣的发展，形成了航空专业人才的大量缺口，也为航空从业人员提供了广阔的学习与发展的空间。与此同时，民航企业之间的市场竞争日益加剧。想要在竞争中处于不败之地，就必须强化服务意识，增强企业软实力。

就读于各大航空院校的学生，今后可能会在空乘、安检、话务、票务等民航一线岗位工作。对航空公司来说，民航服务人员的形象代表着航空公司乃至民航系统的形象。要有效提升企业形象，最直观的，就是提升民航服务人员的形象。

在这样的现实背景下，基于教育教学工作的需要，我们编写了这本《民航服务人员化妆技巧及形象塑造》。

本书在内容上分为化妆技巧与形象塑造两大部分。

在化妆技巧部分，着重提升学生的审美观，培养化妆技巧的实际操作能力，正确引导学生自我的审美能力，通过完美的妆容来扬长避短，提升学生的外在形象，从而提高竞争力。

在形象塑造部分，我们分别对男性和女性民航服务人员规范的发型、妆容、着装、配饰等进行了细致的讲解，同时配以图片，便于学生更系统、直观地学习。

本书的编写分工：罗致远负责本书的第一章、第三章、第四章、第七章、第九至十一章、第十四章与附录；何珊珊负责本书的第二章、第五章、第六章、第八章、第十二至十三章及目录。同时要感谢所有支持我们工作的成都东星航空旅游专修学院的老师及同学们。

后 记

鉴于编者水平有限，本书还存在诸多不足，敬请广大读者批评指正，以便我们不断修正。同时，在本教材的编写过程中，我们参考和引用了许多专家、学者及同行们的研究成果，再次表示衷心的感谢！

编　者

2017 年 6 月

责任编辑:何　静
责任校对:周　颖
封面设计:墨创文化
责任印制:王　炜

图书在版编目(CIP)数据

民航服务人员化妆技巧及形象塑造 / 辜英智,刘存绪,魏春霖主编. —成都:四川大学出版社,2017.8(2024.7重印)
"十三五"规划民航特色专业统编教材
ISBN 978-7-5690-1107-4

Ⅰ.①民… Ⅱ.①辜… ②刘… ③魏… Ⅲ.①民用航空-乘务人员-化妆-高等学校-教材②民用航空-乘务人员-形象-设计-高等学校-教材　Ⅳ.①F560.9

中国版本图书馆CIP数据核字(2017)第208647号

书　名	民航服务人员化妆技巧及形象塑造
主　编	辜英智　刘存绪　魏春霖
出　版	四川大学出版社
地　址	成都市一环路南一段24号(610065)
发　行	四川大学出版社
书　号	ISBN 978-7-5690-1107-4
印　刷	成都金阳印务有限责任公司
成品尺寸	185 mm×260 mm
插　页	4
印　张	7.25
字　数	116千字
版　次	2017年8月第1版
印　次	2024年7月第9次印刷
定　价	25.00元

◆读者邮购本书,请与本社发行科联系。
电话:(028)85408408/(028)85401670/
(028)85408023　邮政编码:610065
◆本社图书如有印装质量问题,请寄回出版社调换。
◆网址:http://press.scu.edu.cn

版权所有◆侵权必究